Beck'sche Reihe
Länder
BsR 813

Viermal so groß wie die Bundesrepublik, stellt Bolivien mit seinen vielfältigen geographischen Zonen – vom viertausend Meter hoch gelegenen Titicaca-See bis zu den ausgedehnten Urwaldgebieten – eine Art Mosaik der Erde dar. In der bewegten Geschichte des Landes spiegelt sich die Geschichte eines ganzen Kontinents. Die Autoren, ein Deutscher und ein Bolivianer, zeichnen diese Geschichte prägnant und pointiert nach: Vom rätselhaften Tiahuanaco über die Hochkulturen der Aymaras und Inkas zur Kolonialzeit, in der die Silberstadt Potosí zur zweitgrößten Stadt der Welt, aber auch zum Symbol der Ausplünderung eines Kontinents wurde; die komplizierte Geschichte der Republik Bolivien, in der Caudillos, Militärs, Zinnbarone und schließlich eine der bedeutsamsten revolutionären Bewegungen Südamerikas die Geschicke des Landes bestimmten; die Ereignisse der jüngsten Vergangenheit: Nach 18 Jahren fast ununterbrochener Militärherrschaft hat Bolivien seit 1982 wieder eine Demokratie, die jedoch unter einer schweren Erblast zu leiden hat. Die Autoren beschreiben die Rolle der verschiedenen gesellschaftlichen Gruppen des Landes: Oberschicht, Mestizen und Indianer, Bergarbeiter, Militär und Kirche. Informationen zu den aktuellen wirtschaftlichen Schwierigkeiten, zur Geographie und Ökologie sowie zum kulturellen Leben des Landes vervollständigen diese erste zusammenfassende Darstellung Boliviens in deutscher Sprache.

Thomas Pampuch, 1948 in Berlin geboren, studierte Geschichte und Politik in München, London und Berlin. Er beschäftigt sich seit Jahren in Veröffentlichungen und auf Studienreisen mit südamerikanischen Themen.
Agustín Echalar Ascarrunz, Jahrgang 1960, studierte Geschichte und Kultur des Andenraumes und lebt als freier Autor in La Paz.

THOMAS PAMPUCH/
AGUSTÍN ECHALAR A.

Bolivien

Zweite, neubearbeitete Auflage

VERLAG C.H.BECK MÜNCHEN

Mit 3 Karten und 11 Abbildungen
(Thomas Pampuch; Abb. 4: J. Germán Rojas)

Die Deutsche Bibliothek – CIP-Einheitsaufnahme

Pampuch, Thomas:
Bolivien / Thomas Pampuch ; Agustín Echalar A. –
Orig.-Ausg., 2., neubearb. Aufl. – München : Beck, 1993
(Beck'sche Reihe ; 813 : Länder)
ISBN 3 406 37076 4
NE: Echalar Ascarrunz, Agustín:; GT

Originalausgabe
ISBN 3 406 37076 4

2., neubearbeitete Auflage. 1993
Einbandentwurf von Uwe Göbel, München
Umschlagbild: Andreas M. Gross, München

Gesamtherstellung: Appl, Wemding
Printed in Germany

Inhalt

Vorwort

Es gibt wenig Literatur über Bolivien in deutscher Sprache: Einige Reiseführer, die kurzen Abschnitte in den Sammelbänden und Jahrbüchern zu Lateinamerika sowie einige wissenschaftliche Monographien und journalistische Portraits des Landes. An bolivianischer Selbstdarstellung und Literatur ist neben dem berühmten Zeugnis der Minenarbeiterfrau Domitila und einigen wenigen Romanen nichts auf deutsch erhältlich.

Warum so wenig? Sicherlich nicht (wie einmal vermutet wurde), weil Queen Victoria 1868, nachdem man ihren Botschafter verkehrt herum auf einen Esel gebunden durch La Paz getrieben hatte, Bolivien für nicht existent erklärte. Bolivien existierte weiter, und nicht bloß die nachgeborenen Landsleute Queen Victorias verdienten nicht schlecht daran. Auch Amerikaner, Franzosen und Deutsche unterhielten weiterhin gewinnbringende Beziehungen zu dem Andenland. Und wenn man vom Titicaca-See redet, kriegt auch heute noch jeder deutsche Schuljunge ein bißchen Fernweh.

Es ist wohl eher die geographische Lage, die komplizierte Geschichte, das in jeder Hinsicht etwas Abgelegene, das das Interesse an Bolivien in Maßen hält. Zwar ist auf jeder besseren Südamerikatour La Paz mit auf dem Programm. Aber nur als kurzer Stop zwischen dem aufregenden Peru (als offiziellem Nachlaßverwalter des Inkareiches) und dem Faszinosum Brasilien. Historisch gesehen erscheint Bolivien bis zur Republik dem Reisenden ohnehin nur als Anhängsel des alten Peru. Und die Geschichte danach als eine unübersehbare Wirrnis von Putschen, Caudillos, Zinnbaronen, Armut und Ausbeutung. Ein kleines 7-Millionen-Volk, das – seit es als Staat existiert – nur Ärger gehabt hat: „Der Bettler auf dem goldenen Thron." Viel genauer will es eigentlich kaum einer wissen.

Es geht bei einer Landeskunde nicht darum, die touristische Werbetrommel zu rühren. Wichtigste Aufgabe erscheint uns vielmehr, Verständnis für Land und Leute zu wecken. Im Falle Boliviens heißt das vor allem Verständnis für die Probleme, die dieser Staat heute hat.

In mancher Hinsicht kann Bolivien als ein fast idealtypisches Beispiel der „Entwicklung der Unterentwicklung" gelten. Der Weg in die lateinamerikanische Misere läßt sich in diesem Land drastisch und konkret verfolgen. Auch in den Besonderheiten der bolivianischen Geschichte, Geographie, Kultur, Wirtschaft und Politik spiegelt sich das Schicksal des Kontinents.

Die nähere und ernsthafte Beschäftigung mit einem Dritte-Welt-Land zwingt jeden Europäer zu bestimmten Einsichten. Zu den „offenen Adern Lateinamerikas" (E. Galeano) gehören auch die Blutsauger – und die sitzen keineswegs bloß in den feinen Villen der südamerikanischen Metropolen. Seit der Verschiffung des Silbers von Potosí nach Europa gibt es eine Geschichte der Ausplünderung, von der wir alle auch heute noch profitieren.

Es wäre dabei sicher falsch, Bolivien nur als Spielball ausländischer Interessen darzustellen. Die Geographie, die Kultur, die Bevölkerung geben jedem Land ein eigenes Gepräge. Aber was daraus im Laufe der Jahrhunderte wird, das ist nun mal gerade in Lateinamerika ohne „abhängige Entwicklung" und „Ausbeutung" nicht zu erklären. Die Geschichte dieser „Entwicklung" ist in jedem Minero, jedem Campesino, jedem Mitglied der Oberschicht präsent. Auch das Gepräge ist geprägt worden. Landschaften haben sich verändert, Kulturen entwickelt – oder deformiert, Bevölkerungsgruppen und Bewegungen gebildet, aufgelöst, neu geordnet.

Aus alledem ergab sich für uns, daß ein Schwerpunkt der Landeskunde Boliviens die historische Darstellung sein muß. Dies um so mehr, als es bis heute keine deutschsprachige Geschichte Boliviens gibt. Die muß noch geschrieben oder aus dem reichhaltigen Angebot englisch- und spanischsprachiger Werke übersetzt werden. Dieses Bändchen will und kann eine solche Geschichte nicht ersetzen. Wir haben versucht, das heutige Bolivien mit einigen seiner wesentlichen Eigenheiten, Probleme oder „Idiosynkrasien" (wie die Bolivianer sagen würden) in kurzer und verständlicher Form darzustellen.

Ein weiterer Schwerpunkt dieser Landeskunde ist die Beschreibung der verschiedenen Gruppen innerhalb der bolivianischen Gesellschaft. Wir haben die Darstellung bewußt nicht wissenschaftlich gehalten. Abgesehen davon, daß es kaum verläßliche soziologische Daten in Bolivien gibt, erschien uns für die Vermittlung der völlig unterschiedlichen Lebensverhältnisse eine eher essayistische Herangehensweise ohnehin wirksamer.

Die Gewichtung bei der Darstellung eines Landes wird von Person zu Person immer differieren. Es war uns klar, daß wir viele Erscheinungen vernachlässigen mußten. Gegenüber der ersten Auflage von 1987 wurden eine Reihe von Aktualisierungen und Ergänzungen vorgenommen. Dabei haben wir Anregungen und Korrekturen von Lesern und Rezensenten, da wo sie uns einleuchtend erschienen, eingearbeitet. Wer an weiterführender Literatur interessiert ist, sei auf die Literaturliste im Anhang hingewiesen, in die wir auch einige der wichtigsten englischsprachigen Werke zu Bolivien aufgenommen haben. Auf eine naturgemäß umfangreiche spanischsprachige Bibliografie haben wir verzichtet. Sie ist in mehreren der von uns angegebenen weiterführenden Bücher zu finden.

Daß ein Deutscher und ein Bolivianer dieses Buch gemeinsam schreiben, erschien uns von Anfang an dem Thema dienlich. Die verschiedenen Ausgangspunkte und Sichtweisen haben uns bei der Frage, wie man die bolivianische Realität deutschen Lesern am besten vermittelt, sehr geholfen. Bleibt zu hoffen, daß das Produkt dieser deutsch-bolivianischen Zusammenarbeit dazu beiträgt, das Interesse an Bolivien zu fördern.

Thomas Pampuch, Agustín Echalar A.

I. Ein Mosaik der Erde

Bolivien liegt im Zentrum des südamerikanischen Kontinents zwischen dem 9. und dem 23. Breitengrad südlich des Äquators und dem 57. und 70. Längengrad westlich von Greenwich. Neben Paraguay ist es das einzige lateinamerikanische Land ohne Zugang zum Meer. Der Verlust des „Litoral", des bolivianischen Küstenstreifens, an Chile im Salpeterkrieg vor etwas mehr als hundert Jahren ist auch heute noch eine Art nationales Trauma.

Mit 1 098 581 Quadratkilometern Fläche ist Bolivien etwa viermal so groß wie die alte Bundesrepublik. Die heutige Einwohnerzahl liegt bei 7,3 Millionen, das jährliche Bevölkerungswachstum bei 2,6 %. Die Bevölkerungsdichte beträgt 6,7 Einwohner pro km^2. Das ist die niedrigste in ganz Lateinamerika. Berücksichtigt man dabei die städtischen Zentren wie La Paz (einschließlich El Alto über 1,1 Mio Einwohner), Santa Cruz (700 000) und Cochabamba (400 000), so wird klar, daß Bolivien in weiten Teilen ein äußerst dünn besiedeltes Land ist.

1. Verkehr

Bolivien ist verkehrstechnisch eines der am wenigsten erschlossenen Länder des Kontinents. Das gilt für die internationalen Verbindungen ebenso wie für den Binnenverkehr. Der Grund dafür liegt in der Geographie des Landes, die jede neue Verkehrsverbindung zu einem Unternehmen macht, das riesige Anstrengungen, enormes Kapital und ständige mühselige Wartung erfordert. Das Straßennetz Boliviens umfaßt heute rund 28 000 km, von denen ganze 2500 km asphaltiert sind. Bis heute gibt es keine asphaltierte Straße, die aus dem Land hinausführt. In der Regenzeit sind viele Routen, vor allem im Tiefland, nicht passierbar.

Es wäre verfehlt, den Mangel an guten Straßen und den beklagenswerten Zustand der bestehenden mit Gleichgültigkeit oder Faulheit erklären zu wollen. Straßenbau und -erhaltung erfordern bei den riesigen Entfernungen und den großen natürlichen Hindernissen Investitionen, die sich ein armes Land wie Bolivien oft einfach nicht leisten kann. Angesichts des geringen Verkehrsaufkommens auf den meisten Routen stellt sich natürlich auch die Frage der Rentabilität. Wer will und kann neue und bessere Straßen finanzieren, wenn später pro Tag höchstens ein paar Lastwagen und ab und zu mal ein Bus darüber rollen? Da nimmt man lieber die Verspätungen und die schlechten Wege in Kauf.

Das Eisenbahnnetz, das teilweise noch aus dem 19. Jahrhundert stammt, umfaßt rund 3500 km. Es verbindet den Titicaca-See mit der Grenze zu Argentinien und La Paz sowie Cochabamba mit Chile. In neuerer Zeit wurden zwei Linien von Santa Cruz nach Brasilien und Argentinien gebaut. Die Züge verkehren im Höchstfall einmal am Tag, häufig auch seltener. Naturkatastrophen bringen immer wieder den Ausfall ganzer Strecken. So war etwa die Verbindung vom Titicaca-See nach La Paz von 1986–1988 wegen Überschwemmungen stillgelegt.

Der Flugverkehr mit dem Ausland ist begrenzt. Nur 15 südamerikanische Städte werden vom „El Alto“ in La Paz, dem höchstgelegenen Verkehrsflughafen der Welt, direkt angeflogen. Nach den USA gibt es zwölf Flüge in der Woche, nach Europa ganze zwei – mit der Lufthansa, der einzigen europäischen Gesellschaft, die Bolivien anfliegt. (Seit einigen Jahren übernehmen allerdings Maschinen der bolivianischen Fluggesellschaft LAB den Zubringerdienst nach La Paz für die Lufthansa.)

Angesichts des schlechten Straßen- und Eisenbahnnetzes kommt dem Binnenflugverkehr eine große Bedeutung zu, sowohl im Personen- wie im Frachtbetrieb. Geographie und Klima türmen aber auch hier immer wieder Hindernisse auf. Da es nur acht asphaltierte Landebahnen im Land gibt, können viele Orte während der Regenzeit oft wochenlang nicht angeflogen werden. Verspätungen und Annullierungen von Flügen sind häufig. Dennoch bildet das dichte Streckennetz der Lloyd Aereo Boliviano (LAB) zusammen mit den privaten Fracht- und Militärlinien einen wesentlichen Bestandteil der Infrastruktur des Landes. Fast das gesamte Fleisch, das in La Paz gegessen wird, kam bis vor wenigen Jahren per Flugzeug aus dem Tiefland.

2. Die Landschaften

Schon die europäischen Reisenden, die im vergangenen Jahrhundert Bolivien durchquerten, berichteten zuhause, daß dieses Land eine Art Mosaik der ganzen Erde biete. Bolivien besitzt endlose Ebenen, hohe Berge, tiefe Schluchten, tropische Wälder, Sand- und Salzwüsten, gemäßigte Zonen und ewigen Schnee. Ein geographischer Reichtum von bewundernswertem Ausmaß. Freilich bedeutet dieser Reichtum, diese Fülle nicht automatisch einen materiellen Reichtum, der das Wohlergehen der Bewohner garantiert. Um einen klaren Eindruck von der landschaftlichen Vielfalt Boliviens zu erhalten, ist es am sinnvollsten, die großen Regionen des Landes im einzelnen kurz zu beschreiben. Im wesentlichen sind es sieben verschiedene Zonen.

Die Anden

Das Hochgebirge der Anden teilt sich in Bolivien in zwei Ketten: die Ostkordillere (cordillera oriental) und die West- oder Küstenkordillere (cordillera occidental). Die Westkordillere längs der Grenze zu Chile ist vulkanischen Ursprungs und enthält unter anderem auch radioaktive Minerale. Sie erstreckt sich vom Titicaca-See südwärts bis an die Grenze von Argentinien und hat eine Durchschnittshöhe von über 5000 Metern. Hier liegt der höchste Berg Boliviens, der Sajama (6520 m).

Insbesondere im Süden dieser Andenkette ist die Landschaft trocken, unfruchtbar und trostlos. Das Klima der dort vorherrschenden Trockenpuna oder Tundra gehört zum unwirtlichsten der Welt mit täglichen Temperaturunterschieden bis zu 60 Grad (von plus 25 Grad am Mittag bis zu minus 35 Grad in der Nacht): ein andines Sibirien, das nicht einmal den kurzen blühenden Frühling der asiatischen Tundra kennt.

Bei der östlich des Altiplano gelegenen Ostkordillere handelt es sich wie bei den Alpen um ein Faltengebirge, dessen Kennzeichen Granitstöcke und Schieferplatten sind. Gewaltige schneebedeckte Gipfel, wie etwa der Illimani (6322 m) und der Illampu (6424 m), geben dieser Kordillere ein majestätisches Aussehen, weshalb man sie in ihrem nördlichen Teil, in der Gegend von La Paz, auch Königskordillere (cordillera real) nennt. Auf dem Chacaltaya, inmitten einer grandiosen, mit Schieferplatten übersäten Berglandschaft, befindet sich die höchste Skipiste der Welt (5400 m).

In der Ostkordillere haben die drei wichtigsten hydrographischen Systeme Boliviens ihren Ursprung: das zum Amazonasgebiet führende Maderabecken im Norden, das Becken des Pilcomayo im Süden und das geschlossene hydrographische System des Titicaca-Sees im Westen. Die Ostkordillere ist gleichzeitig eine große natürliche Barriere für die feuchten Winde aus dem östlichen Tiefland und so mitverantwortlich für das trockene Klima des Altiplano. In der Königskordillere liegen die wesentlichen mineralischen Schätze Boliviens.

Der Altiplano

Zwischen den beiden Kordilleren liegt das Hochplateau des Altiplano mit einer Durchschnittshöhe von 3800 m und einer Fläche von rund 200000 km^2. Der Altiplano verdankt seine Entstehung den Gletscherablagerungen der beiden Kordilleren. Mehrere Hügelketten teilen es in verschiedene Becken.

Das größte und wichtigste Becken des Altiplano ist das des Titicaca-Sees. Mit seinen 8300 km^2 Wasseroberfläche und einer mittleren Wassertemperatur von 12 Grad mildert er das sonst kalte und trockene Klima des Hochplateaus in seinem nördlichen Abschnitt. Dennoch ist das Leben auf dem Altiplano nie einfach gewesen. „Das geizige Land“, wie ein bolivianischer Dichter die Puna der Hochebene genannt hat, diente schon in uralten Zeiten als Weideland für die südamerikanischen Kameloide, die Lamas, Alpakas und Vikuñas. Mit den Hochkulturen, insbesondere mit Tiahuanaco, begann der systematische Anbau von Kartoffeln, Quinua (einer Art Hirse) und (an den Uferregionen des Sees) Mais. Auch heute noch ist der Altiplano ein bedeutendes landwirtschaftliches Gebiet Boliviens und in seinem nördlichen Teil dicht besiedelt. Die fortschreitende Erosion macht das Leben allerdings immer kärglicher. Naturkatastrophen, wie Überschwemmungen und Dürren, haben es in den letzten Jahren zu einem der ärmsten Gebiete des Landes gemacht. Die Wiege der andinen Kultur droht zu einem Notstandsgebiet zu werden.

Der einzige Abfluß des Titicaca-Sees, der Desaguadero, führt zum 300 km südlich gelegenen Popoó-See (2800 km^2) in der Nähe des Minenortes Oruro. Der südliche Teil der Hochebene besteht im wesentlichen aus Salzwüsten, in deren Mitte der „Salar de Uyuni“ liegt, ein Salzsee, dessen Wasser von einer dicken Salzschicht bedeckt ist. Das Klima hier ist extrem kalt und trocken, eine Vegetation existiert kaum noch.

Die Subpuna

An den Abhängen der Ostkordillere befinden sich in einer Höhe zwischen 2000 und 3500 Metern die fruchtbaren Täler der Subpuna. Das Tal von Cochabamba (2500 m) kann als eines der wichtigsten und typischsten Gebiete dieser Zone angesehen werden. Es gilt als die Kornkammer Boliviens und hat die größte Bevölkerungsdichte außerhalb der urbanen Zentren. Neben Mais und Weizen werden in den Tälern der Subpuna auch Obst und Wein angebaut. Das Klima ist mild, die jahreszeitlichen Unterschiede sind gering, weshalb man mitunter auch von der „Zone des ewigen Frühlings“ spricht.

Die Yungas

Ein besonderes landschaftliches Phänomen Boliviens sind die östlich der Königskordillere gelegenen, tief eingeschnittenen subtropischen Täler der Yungas. Die Schotterstraße, die von La Paz durch die Zone der Nebelwälder, vorbei an atemberaubenden Abgründen, in diese fruchtbare Zone zwischen 2800 und 1000 Metern führt, gehört ohne Zweifel zu einer der aufregendsten der Welt. Die Yungas, benannt nach dem vorinkaischen Stamm der Yuncas, sind mit ihrer hohen Feuchtigkeit das klassische Gebiet der Kokapflanze. Aber auch Mais, Kakao, Kaffee und eine Vielfalt der subtropischen und tropischen Früchte werden hier angebaut, um dann auf klapprigen Lastwagen den kurvigen und steilen Weg nach oben, nach La Paz und auf den Altiplano, anzutreten. Ein Beispiel für die „vertikale ökologische Integration", die das Andengebiet und seine Täler kennzeichnet. Mit den Yungas – übrigens das einzige Gebiet Boliviens, in das schwarze Sklaven gebracht wurden – endet das Gebiet der Anden, und es beginnt die Zone der Llanos, der endlosen Ebenen und des tropischen Tieflandes.

Es wird oft vergessen, daß zwei Drittel des „Andenlandes" Bolivien aus diesem Tiefland bestehen. Aber bis heute leben nur etwa 20% der Bevölkerung hier und die Hälfte davon allein in Santa Cruz. Mit Besiedelungsprogrammen wird seit Jahrzehnten versucht, eine etwas ausgeglichenere Bevölkerungsverteilung zwischen Hoch- und Tiefland zu schaffen. Doch kulturelle und infrastrukturelle Hemmnisse machten und machen die Umsiedelung aus dem Hochland zu einem mühsamen Geschäft. Mit dem Boom von Santa Cruz scheint sich jedoch in letzter Zeit ein Wandel anzukündigen. Doch mit der Besiedelung kommen auf Bolivien große ökologische Probleme zu. (Siehe Kapitel XI.)

Der Regenwald

Das Tiefland, der „Oriente" Boliviens, teilt sich seinerseits in drei verschiedene geographische Zonen. Ganz im Norden herrscht der tropische Regenwald des Amazonasgebietes vor, die „Selva", das Land der exotischen Hölzer und des Kautschuks. Anfang des Jahrhunderts bescherte der Gummiboom diesem kaum bewohnten Gebiet eine kurze Blütezeit, die aber schon während des ersten Weltkrieges wieder vorbei war. Ein Engländer hatte die Kautschukpflanze aus dem Amazonasgebiet geschmuggelt. Die riesigen Plantagen in Südostasien machten dem Boom bald ein Ende.

Die Feuchtsavanne

Südlich des Regenwaldes, im Department Beni, befindet sich das Gebiet der Feuchtsavanne oder Pampas. Eine riesige Fläche mit oft mannshohem Gras, durchzogen von den Mäandern der Flüsse, an deren Ufern sich die Galeriewälder erhalten. Beni ist wegen seiner ausgedehnten Rinderzucht der „wilde Osten" Boliviens. Das Hauptproblem dieser Region sind die alljährlichen Überschwemmungen während der dreimonatigen Regenzeit, die sie vom Rest des Landes isolieren. In dieser Zeit wird fast jeder Verkehr unmöglich, abgesehen von Ochsenkarren im Sumpf und den „Fleischbombern" ins Hochland, zumeist uralten, ausgedienten Militärflugzeugen.

Der Chaco

Nach Süden hin wird die Savanne zunehmend trockener. In der Gegend der Stadt Santa Cruz, nicht allzuweit vom Fuße der Anden gelegen, wird neben der Rinderzucht auch intensive Landwirtschaft (Baumwolle, Zucker, Erdnüsse) betrieben.

Der ganze Südosten des Landes wird vom Chaco beherrscht, einer Dornbuschsavanne fast ohne Wasser, Wege und Ansiedlung. Einzig der Pilcomayo schafft es, noch ein wenig Wasser von den Anden durch diese trockene Wildnis zum Rio de la Plata zu bringen. Alle anderen Flüsse versiegen hier. Der „Gran Chaco“, Schauplatz des blutigen Krieges mit Paraguay in den 30er Jahren, ist heute wegen seiner beträchtlichen Erdöl- und Erdgaslager erneut bedeutsam geworden.

Schließlich ist noch das Bergland von Chiquitos zu erwähnen, eine Zone niedriger Hügel im östlichen Zipfel des Landes an der Grenze zu Brasilien. Bei diesem Bergland handelt es sich um den erdgeschichtlich ältesten Teil der Kordilleren, in dem sich die Eisenerzreserven Boliviens befinden, die allerdings bis heute noch nicht abgebaut wurden.

Diese kurze Beschreibung der verschiedenen Regionen mag eine Idee von der topographischen und klimatischen Vielfalt Boliviens vermitteln. Aber auch eine Vorstellung von den Schwierigkeiten, die dem Land aus dieser Vielfalt erwachsen.

Derart verschiedene Charakteristiken der Umwelt formen die Mentalität und die Gebräuche in so unterschiedlicher Weise, daß sie nur schwer zu vereinbaren sind. Das gilt insbesondere für die ländliche Bevölkerung, wo sich die Verschiedenheit der indianischen Stämme bis heute erhalten hat. Auch wenn es seit der Revolution von 1952 keine genauen, nach ethnischen Zusammensetzungen differenzierten Statistiken mehr gibt – wegen des rassistischen Beigeschmacks solcher Zahlen –, kann es doch als gesichert gelten, daß über 60% der Bolivianer Indios sind.

Von den rund 40 verschiedenen indianischen Stämmen sind die Aymaras und die Quetschuas die bedeutendsten, wobei die Aymaras vor allem auf dem Hochplateau um den Titicaca-See, die Quetschuas in den Tälern der Kordilleren zu finden sind. Weitere große Stämme sind die Aruwacus und die Pana im nördlichen Tiefland, die Tupi-Guarani im Chaco sowie die Chiquitos im östlichen Bergland. Was die Sprachen dieser Stämme angeht, so haben nur Quetschua und Aymara überregionale Bedeutung und werden neben Spanisch als Amtssprachen anerkannt.

II. Die Anden vor Pizarro (bis 1532)

Als die spanischen Konquistadoren 1532 Peru betraten, in Cajamarca den letzten Inka Atahuallpa gefangennahmen und bald darauf die Hauptstadt Cusco erreichten, trafen sie auf eine neue, erstaunliche Welt. Was die Handvoll Spanier da gewissermaßen im Handstreich genommen hatte, war ein komplexes, religiös-militärisches Staatswesen, das bis kurz zuvor eine absolute Kontrolle über sein riesiges Territorium (ca. 1 Million km^2) ausgeübt hatte.

Ein perfekt funktionierendes ökonomisches System ohne Hunger, ein ausgeklügeltes Versorgungssystem mit befestigten Straßen, Brücken, Festungen und Vorratslagern, eine Sozialordnung, die Unterwerfung und obligatorischen Dienst für Inka, Staat und Gemeinschaft mit Sicherheit und Schutz vergalt: ein imperialistischer, theokratischer Militär-„Sozialismus", streng hierarchisch, von oben nach unten organisiert.

Als Pizarro in die Anden vordrang, befand sich dieses Reich in der schwersten Krise seiner Geschichte. Ein blutiger Bürgerkrieg zwischen den Halbbrüdern Atahuallpa und Huascar, die beide die Inkakrone ihres Vaters Huayna Capac beanspruchten, hatte das Land in ein Chaos gestürzt. Nur so ist der schnelle Sieg der Spanier in Peru zu erklären.

Die inkaische Welt, die so abrupt zerstört wurde, war nicht von heute auf morgen entstanden. Auch wenn das historische Inkareich – was oft vergessen wird – nur eine sehr kurze Zeitspanne umfaßte (nicht viel mehr als hundert Jahre), so stand dahinter doch eine Geschichte von mehreren tausend Jahren, in denen sich die Bewohner der Anden in ihrer Umwelt einrichteten und ihre Kultur entwickelten.

1. Die frühen Kulturen

Die ältesten Spuren menschlicher Besiedelung in den Anden sind über 21 000 Jahre alt. Funde, die von einer wirklichen Entwicklung der Andenbewohner zeugen, datieren jedoch erst vom Ende der letzten Eiszeit, also etwa der Zeit um 8000 vor Christus, als sich die Gletscher von den Kordilleren und dem Altiplano zurückzogen. Die Menschen dieser Epoche lebten als Nomaden, vorzugsweise in Höhlen, und als Jäger und Sammler wie ihre europäischen Zeitgenossen. Im Laufe der nächsten Jahrtausende domestizierten sie einige Tiere, vor allem die amerikanischen Kameloide, das Guanaco und das Lama. Sie begannen mit dem Anbau von Feldfrüchten – Kartoffeln, Mais, Quinua – und entwickelten erste religiöse Systeme, deren hervorstechendes Kennzeichen die Dualität von Ordnung und Chaos war, dargestellt als Lama und Puma. Die wichtigsten Werkstoffe dieser Periode, die weder Keramik noch Metall kannte, waren Knochen und Steine.

Etwa um 2500 vor Christus hatte die Landwirtschaft einen Umfang erreicht, der eine echte Ansiedlung ermöglichte. Die Stämme gaben das Höhlenleben auf und begannen, Dörfer zu gründen. Zur gleichen Zeit entstanden – getrennt von diesen Siedlungen – erste religiöse Kultstätten. Diese Anlagen waren zumeist kreisförmig und wiesen als besonderes Merkmal in Stein gehauene Lamaköpfe auf – ein Hinweis auf die Bedeutung, die dieses Kameloid für die Andenbewohner hatte. Langsam lernten die Menschen in dieser Zeit auch den Umgang mit Ton und Metallen. Die ältesten Keramikfunde in den Anden datieren von 1800 vor Christus, die ältesten Metallbearbeitungen (Kupfergegenstände in der Gegend von Oruro) von 1100.

Um 800 vor Christus entsteht die erste Hochkultur im zentralen Bergland von Peru: Chavín de Huantar (benannt nach ihrem Fundort). Chavín, das über erweiterte Kenntnisse in der Landwirtschaft und im Fischfang verfügt, breitet sich im Laufe der nächsten Jahrhunderte von seinem Zentrum, einer Kultstätte mit Tempeln und öffentlichen Gebäuden, über weite Gebiete des Hochlands und der Küstenregion aus. Auch die Gebiete um den Titicaca-See werden von diesem ersten „Horizontstil" der Anden zumindest beeinflußt, was sich an verschiedenen Funden der Gegend, insbesondere Metallgegenständen, zeigen läßt. Chavín beherrscht die Anden bis ins erste vorchristliche Jahrhundert und wird dann von verschiedenen bedeutenden, aber lokal beschränkten Kulturen abgelöst: Moche (oder Mochica) an der nördlichen, Nazca an der südlichen Küste Perus, Recuay im nördlichen Bergland und schließlich Tiahuanaco auf dem Altiplano. Diese vier Kulturen entwickeln sich fast parallel zueinander. Dank der großen Entfernungen und aufgrund des ihnen reichlich zur Verfügung stehenden Raumes kommt es weder zu Kriegen noch zu Eroberungen zwischen ihnen. Für mehr als 800 Jahre existieren die großen Kulturen des Andenraumes friedlich nebeneinander.

2. *Tiahuanaco: Das Rätsel der tausend Jahre*

Tiahuanaco, als einzige dieser Kulturen auf dem Boden des heutigen Bolivien gelegen, wird heute als historischer Grundstein der bolivianischen Geschichte betrachtet. Das Zentrum von Tiahuanaco liegt 16 km südlich des Titicaca-Sees und ist die archäologische Attraktion Boliviens.

Tiahuanaco ist die Kultur des Ungewissen und der Rätsel. Fragen und widersprüchliche Theorien überwiegen bei weitem gesicherte Erkenntnisse. Nicht einmal über den Ursprung des Namens besteht Einigkeit. Es gibt über ein halbes Dutzend Theorien dazu. Die zwei attraktivsten zeigen die Bandbreite der Mutmaßungen: Nach der einen leitet sich der Name von Tia = Ufer und huanaco = vertrocknet ab, bedeutet also „vertrocknetes Ufer". Die andere setzt den Namen aus Ti = Abkürzung von inti = Sonne, wawan = Sohn und hake = Volk zusammen, womit Tiahuanaco sehr passend zum „Volk der Söhne der Sonne" wird.

Abb. 1: Kultur der Rätsel: Statuen in Tiahuanaco

Doch mit dem Namen fangen die Fragen erst an. Woher kam das Volk der Tiahuanacos? Wie und warum verschwand es wieder. Wie und woher transportierte es die riesigen Steinblöcke? Welche Bedeutung haben sie? Wie fast alle altamerikanischen Kulturen hinterließ auch Tiahuanaco keine geschriebenen Quellen. Die ältesten schriftlichen Dokumente stammen aus der Zeit der spanischen Chronisten des 16. und 17. Jahrhunderts, aus einer Zeit also, zu der diese Kultur bereits mehr als dreihundert Jahre erloschen war. Es bleiben ansonsten nur die Ausgrabungen und die mehr oder weniger phantasievolle Analyse der steinernen und tönernen Funde.

Tiahuanaco, soviel ist gesichert, benötigte eine lange Zeit der Entwicklung, bis es zum zweiten Horizontstil der Anden wurde. Im allgemeinen teilt man seine Geschichte in drei Perioden: die Siedlung, die Stadt und das Imperium.

In den ersten 600 Jahren seiner Geschichte beschränkten sich die Macht und der Einfluß Tiahuanacos auf die unmittelbare Umgebung des Zentrums am Titicaca-See. Erst im 7. nachchristlichen Jahrhundert wurde aus der kleinen Ansiedlung eine wirkliche städtische Kultur. Imposante Gebäude und Anlagen werden errichtet, Keramik, Skulpturen und Monumente entstehen, die Textilindustrie beginnt zu florieren. Es ist die Zeit, in der die klassischen Formen ausgearbeitet werden: das Treppensymbol, die anthropomorphen und zoomorphen Gebilde. Auch die riesigen Monolithen werden in dieser Zeit aufgestellt.

Im 10. Jahrhundert wandelt sich die politische Struktur in den Anden. Die Zeit der begrenzten lokalen Mächte ist vorbei. Tiahuanaco beginnt sich auszudehnen und wird zum ersten großen Imperium Südamerikas. Sein Einfluß reicht – zumindest kulturell – vom Norden Perus bis in die nördlichen Bereiche des heutigen Argentinien und Chile. Das Zentrum der Macht verlagert sich zwar in die Gegend des heutigen Ayacucho im zentralen Bergland Perus, aber Tiahuanaco selbst bleibt eine Kultstätte erster Ordnung und behält auch weiterhin seine Bedeutung.

In dieser Zeit beginnt, was man in der Archäologie zu

Recht oder zu Unrecht die Dekadenz nennt. Der künstlerische Ausdruck in der Architektur, der Skulpturen und der Keramiken wird immer raffinierter. Die Übertreibung in den Details deutet darauf hin, daß die Künstler Tiahuanacos nichts mehr zu sagen hatten.

Das Ende Tiahuanacos wird in der Forschung zumeist mit der schnellen Expansion des Reiches in Verbindung gebracht. Offenbar tauchten organisatorische Probleme auf. Der schnelle Zuwachs der Bevölkerung mag zu ökonomischen Krisen geführt haben. Es ist auch nicht ausgeschlossen, daß Naturkatastrophen, wie Überschwemmungen und Trockenheiten, das abrupte Ende des Reiches als politisches Machtzentrum herbeigeführt haben. Das Imperium löste sich auf.

3. Mittelalter: Die Aymara-Fürstentümer

Mit dem Verschwinden Tiahuanacos Anfang des 13. Jahrhunderts beginnt im Andengebiet eine Art Mittelalter. Die verschiedenen Stämme organisieren sich als kleine Fürstentümer und Föderationen. Eine ihrer wesentlichen Beschäftigungen wird der Kampf mit dem Nachbarn.

Eine beherrschende Stellung in diesem neuen Zeitalter nehmen im Verlauf der nächsten Jahrhunderte die Aymara-sprechenden Stämme des nördlichen Altiplano ein. Sie entwickeln dabei äußerst komplexe staatliche Organisationsformen. Die Grundlage und Keimzelle der Aymara-Fürstentümer und ihrer Föderationen bildet – wie später bei den Inkas – das Ayllu, die Dorfgemeinschaft oder Sippe. Entsprechend alten Regeln teilen sich diese Ayllus jeweils in eine obere (Janansaya) und eine untere (Urinsaya) Hälfte, was auf eine soziale Schichtung in Adel und Volk hindeutet. Jede dieser Hälften hat ihren eigenen Führer, den Jilakata.

Das im Ayllu praktizierte System des gemeinschaftlichen Wirtschaftens ist jedoch nur eine Ebene der sozialen Organisation. Daneben und darüber existierte die Aristokratie der Kurakas, regionaler Feudalherren, die eigenes Land besitzen und die von ihnen regierten Ayllu-Mitglieder zu Arbeiten heranziehen können. Darüber hinaus stehen den Kurakas noch die Yanaconas zur Verfügung, eine eigene Klasse von Sklaven und Dienern – manchmal durchaus in gehobenen Stellungen.

Bis zur Mitte des 15. Jahrhunderts gelingt es den Aymara-Fürstentümern, zum dominierenden System des südlichen Andenbereichs zu werden. Die Fürstentümer greifen im Lauf der Zeit weit über das Hochplateau hinaus. Es entwickelt sich ein regelrechtes Kolonialsystem, das schließlich sämtliche ökologische Stufen der Anden umfaßt. Durch lebhaften Austausch mit den in die Subpuna, die Yungas und an die Küste entsandten Kolonisten kommen die Aymaras so in den Genuß der ganzen Vielfalt der andinen Produkte.

Dabei sind die Aymaras keineswegs das einzige Volk in dieser Gegend. Mitten unter ihnen leben andere Stämme, die – zumindest was ihre Sprache und Kultur angeht – von den Aymaras durchaus respektiert werden. Der wichtigste und bekannteste dieser Stämme ist der der Urus, dessen Sprache Puquina sich bis ins 20. Jahrhundert erhalten hat. Politisch und ökonomisch werden die Urus, über deren Ursprünge wenig bekannt ist (manche Forscher halten sie für das alte Volk der Tiahuanacos), von den Aymaras immer mehr verdrängt. Die letzten Abkömmlinge der Urus leben heute auf den schwimmenden Schilfinseln in der Bucht von Puno und sind zu einer eher traurigen Touristenattraktion geworden.

4. Die Inkas: Cusco und das Tahuantinsuyo

Aber auch den mächtigen und reichen Aymaras schlägt die Stunde. Jenseits des Titicaca-Sees erwächst ihnen – gerade als sie auf der Höhe ihrer Macht sind – mit den Quetschuas ein mächtiger und bedrohlicher Gegner: das inkaische Tahuantinsuyo. Dieses „Reich der vier Weltgegenden“ mit dem Zentrum Cusco (Quetschua für „Nabel“) beginnt unter dem achten Inka Pachakutec, teils auf friedlichem, teils auf kriegerischem Wege sich die Aymara-Fürstentümer einzuverleiben. Binnen kurzer

Zeit werden die Aymaras, die wegen ihrer internen Streitigkeiten wenig militärischen Widerstand leisten, so zu einem Teil des Inkareiches und zu einer der vier Weltgegenden: dem Kollasuyo.

Die Inkas gehen in dieser ihrer vielleicht reichsten Provinz durchaus diplomatisch vor. Die interne Organisationsstruktur wird kaum angetastet. Die Ayllus bleiben ebenso bestehen wie das System der Kurakas, die ihre Privilegien und ihr Land behalten dürfen, allerdings nur soweit sie zu Tributen an die Inkas bereit sind. Die Kinder der Kurakas werden – gewissermaßen als Geiseln – zur Ausbildung und Umerziehung nach Cusco geschickt. Im Gegensatz zu anderen von den Inkas unterworfenen Völkern und Stämmen dürfen die Aymaras auch ihre Sprache und Kultur behalten. Zur Sicherheit werden Quetschua-sprechende Kolonien (Mitimaqs) im Kollasuyo angesiedelt, was das enge Nebeneinander der Quetschua- und Aymarasprache im heutigen Bolivien erklärt.

Man kann darüber streiten, inwieweit die Inkas wirkliche Neuerungen in die andine Kultur einbrachten. Ihre Hauptstärke lag gewiß nicht auf künstlerischem Gebiet. Doch zeichnete es sie aus, daß sie die gesamten Erfahrungen ihrer Vorgänger – soweit sie für sie nützlich waren – aufnahmen und nicht selten auch weiterentwickelten. Und das gilt nicht nur für den künstlerischen Bereich, sondern auch und gerade für den technischen und organisatorischen.

Was die Inkas zum größten Imperium Amerikas werden ließ, war in erster Linie ihr Organisationstalent. Dieses Talent machte sie ab Mitte des 15. Jahrhunderts in staatlicher, ökonomischer und vor allem militärischer Hinsicht allen anderen Völkern Amerikas überlegen. Die strenge und rationelle Organisation erlaubte es ihnen, das weitaus beweglichste und schlagkräftigste Heer der gesamten Region zu unterhalten wie auch ein Produktionssystem zu schaffen, das die Versorgung des laufend wachsenden Reiches sicherstellte. Die Versorgung funktionierte dabei nicht (oder nur zu einem geringen Teil) über einen Markt, sondern wurde zentral von oben nach einem staatlichen Verteilungssystem geregelt. Jedes Ayllu und natürlich auch die unterworfenen Stämme waren verpflichtet, nach einem festgelegten Plan für sich und die Gemeinschaft zu produzieren. Die überall errichteten Vorratslager (Tambos) erlaubten es, die so erwirtschafteten Reichtümer je nach Bedarf für notleidende Gebiete, durchziehende Soldaten, für den Adel und den Inka oder auch einfach als Sicherheit für schlechte Zeiten zu nutzen.

Neben dieser Planwirtschaft existierte ein regelmäßiger Arbeitsdienst (die Mita), dem ebenfalls jedes Ayllu unterworfen war. Auch die Mita konnte je nach Bedarf variiert werden. Sie konnte Militärdienst bedeuten, aber auch den Einsatz zum Straßen-, Brücken- oder Festungsbau, das Anlegen von Terrassen (den berühmten andénes, dem die Anden ihren Namen verdanken) oder den persönlichen Dienst für Adel und Inka.

Man hat das System der Inkas oft als sozialistisch bezeichnet. Das mag für die Organisation der bäuerlichen Bevölkerung in den Ayllus mit der Präzisierung gelten, daß es wohl eher ein staatssozialistisches System war. Doch sollte nicht vergessen werden, daß neben dem Gemeinschaftssystem der Ayllus durchaus Privatbesitz existierte: Das gilt sowohl für die Aristokratie in der Metropole Cusco als auch für den lokalen Adel in den verschiedenen Provinzen. Solange die alten Strukturen die Inkas nicht bedrohten und ohne Schwierigkeiten in das Tribut- und Mitasystem eingepaßt werden konnten, war man zu einer Zusammenarbeit mit den Kurakas der unterworfenen Völker gerne bereit und gliederte die alten Führer in die Hierarchie des Reiches mit ein. Kulturell schwächere Stämme wurden „quetschuaisiert“, stärkere wie die Aymaras konnten ihre Kultur weitgehend behalten.

Das Inkareich hatte bei der Ankunft der Spanier die Grenzen seiner Ausdehnung erreicht. Die nichtseßhaften Stämme des Tieflandes und des Urwaldes im Osten der Kordilleren widerstanden der Unterwerfung durch das Tahuantinsuyo ebenso wie die militärisch äußerst tapferen Araukaner im Süden des heutigen Chile. Die Auseinandersetzungen spielten sich – wie erwähnt – erstmals innerhalb des Reiches ab: zwischen den Gefolgsleuten Atahuallpas, des Inkasohnes aus

Quito, und denen Huascars aus der alten Hauptstadt Cusco. Die Spaltung des Reiches und der blutige Bürgerkrieg eröffneten den Konquistadoren die Möglichkeit, die verfeindeten Fraktionen gegeneinander auszuspielen. Das Reich der vier Weltgegenden verschwand innerhalb weniger Jahre und wurde abgelöst vom „Reich, in dem die Sonne nie unterging".

Man hat die Inkaherrschaft auch „das goldene Zeitalter in den Anden" genannt. Das erscheint übertrieben, wenn man an die imperialistischen, feudalistischen und militaristischen Züge dieses Reiches denkt. Vergleicht man es allerdings mit dem „Zeitalter des Silbers", das danach kam, wird verständlich, warum das Tahuantinsuyo – zumindest von vielen Indianern – immer wieder, auch heute noch, zu einer goldenen Zeit verklärt wurde und wird. Den etwa 10 Millionen Einwohnern des Inkareiches ging es sicherlich besser als ihren Nachfolgern in der Kolonialzeit. Mit der Konquista begann für die Ureinwohner Südamerikas eine Geschichte der Unterdrückung, die bis heute andauert.

III. Die Kolonialzeit (1532–1825)

1. Potosí: Die Pforte zur Hölle

Bei keinem anderen Ort der Welt kommt das Elend, die Funktionsweise und das Ergebnis des Kolonialismus so deutlich zum Ausdruck wie in der Geschichte von Potosí. Der „cerro rico" (reicher Berg), der sich mächtig und ebenmäßig hinter dieser Stadt auf über 4700 Meter erhebt, ist gewissermaßen ein gigantisches Mahnmal für über 300 Jahre Ausbeutung: Eine Pyramide, die nicht errichtet sondern ausgehöhlt wurde, an der aber weitaus mehr Menschen arbeiteten und zugrunde gingen als an den ägyptischen.

Über 5000 Schächte wurden in den Berg getrieben. Der Blutzoll an Indios, die im spanischen Kolonialreich am „System Potosí" starben, geht in die Millionen. Schon 1550 bezeichnete ein Dominikanermönch Potosí als „die Eingangspforte zur Hölle". Doch diese Hölle war gepflastert mit hunderttausend Tonnen Silber – mehr als es in ganz Europa je gab. Und so wurde die „villa imperial" (Kaiserstadt) zur „Stadt, die der Welt am meisten gegeben hat und am wenigsten besitzt".

In welchem Maße die Unmengen an Silber aus dem Berg die „ursprüngliche Akkumulation des Kapitals", d.h. den ersten ausschlaggebenden Schub für den Kapitalismus, bewirkt haben, ist umstritten. Klar ist, daß die europäische Wirtschaft entscheidend von Potosí profitierte, während die lokale ausblutete. Klar ist auch, daß die Spanier dabei gar nicht die Hauptnutznießer waren. „Die Spanier hatten die Kuh, aber andere tranken die Milch." Spanien war für das Silber nur eine Durchgangsstation. Mit ihm wurden Schulden bezahlt, Kriege geführt, Luxus und Verschwendung einer kleinen Aristokratie finanziert. Die wirkliche Entwicklung fand woanders

Abb. 2: Symbol der Ausbeutung: Der „cerro rico" von Potosí

statt: in Holland, Deutschland, England, Frankreich. Kein Wunder, daß diese Länder Spanien bald in seiner europäischen Vormachtstellung ablösten.

Weitaus schlimmere Auswirkungen aber hatte das Silber für das Land, in dem es gefunden und geschürft wurde. Der Reichtum an Rohstoffen hat in Lateinamerika – und in Bolivien besonders – immer nur Armut hervorgebracht, das Elend vergrößert und Entwicklung verhindert. Mit Potosí fing es an.

Im gerade eroberten Inkareich herrschte ein spanischer Bürgerkrieg, als der Silberberg 1545 entdeckt wurde. Es mutet wie höhere Gerechtigkeit an, daß die meisten der Konquistadoren, nachdem sie die indianische Elite weitgehend umgebracht hatten, auch selbst durch das Schwert umkamen. Durch spanische Schwerter wohlgemerkt: im Kampf untereinander. Pizarro und Almagro, die alten verfeindeten Kämpen, waren die ersten Opfer. Ihre Anhänger befehdeten sich weiter, bis schließlich Gonzalo Pizarro, ein jüngerer Bruder Franciscos, die Oberhand gewann. Die spanische Krone sah mit Angst, wie ihr Einfluß in den „indias“ immer mehr schwand.

Das seit Kolumbus praktizierte „Encomienda“-System, bei dem den Kolonisatoren Indianer zur „Missionierung“ und Ausbeutung zugeteilt worden waren, machten die Eroberer immer selbstherrlicher. Manche besaßen Hunderte von Indianern, die sie wie Sklaven hielten. Die „Encomenderos“ wurden zur Aristokratie der Neuen Welt. Um die durch Gesetze ihnen auferlegte gute Behandlung der ihnen zugeteilten Indianer kümmerten sie sich wenig.

Es kam zu einer regelrechten Entvölkerung in vielen Gegenden. Krankheit und Fronarbeit ließen die Indianer zu Tausenden sterben. In humanistischen Kreisen regten sich moralische Skrupel. Bartolomé de las Casas, ein Dominikanermönch, begann seinen langen Kampf für eine bessere Behandlung der Indianer. 1542 erließ Karl V. neue Gesetze, in denen die Indianer zu Menschen, ja zu freien Menschen erklärt wurden. Das „Encomienda“-System und damit die Privilegien der Kolonisten sollten eingeschränkt werden. Um die Gesetze durchzusetzen, schickte Karl V. nun auch nach Südamerika einen Vizekönig. Dem ersten, Blasco Nuñez Vela, erging es schlecht. Er wurde von den Kolonisten kurzerhand enthauptet. Vier Jahre regierte Gonzalo Pizarro als nahezu unumschränkter Diktator über beide Perus. Unter dem Nachfolger des unglücklichen Vela wurden die Gesetze entschärft und eine Amnestie für die Rebellen erlassen.

Die Partei der Königstreuen wuchs. 1548 kam es zur Entscheidungsschlacht bei der alten Inka-Festung Sacsayhuaman. Gonzalo wurde geschlagen und seinerseits geköpft. Der letzte der unbotmäßigen Konquistadoren war damit beiseite geräumt. Die Krone konnte daran gehen, die Schätze des Hochlandes im Verein mit den befriedeten Kolonisten zu heben.

Das wichtigste dabei waren die Arbeitskräfte. Die Schächte und Stollen in Potosí zu konstruieren, war eine Arbeit, die an Kosten und Aufwand dem Bau von Kathedralen gleichkam. Für die Gesteinsmühlen wurden enorme Wassermengen benötigt, Kanäle und Dämme mußten gebaut, künstliche Seen angelegt werden. Neuansiedlungen waren nötig, Umsiedlungen, Versorgungs- und Transportsysteme. Nur eine Reorganisation des gesamten sozialen und ökonomischen Gefüges in den Anden konnte den Silberstrom garantieren. Wohl hatte sich in Potosí sofort nach der Entdeckung eine Reihe von Bergwerksunternehmen festgesetzt und sich mit indianischen und spanischen Arbeitern an die Ausbeutung gemacht, aber es fehlte an einem übergreifenden und gesetzlich fixierten System. Der neue dynamische Vizekönig Francisco de Toledo, der 1572–76 Hochperu besuchte, machte sich daran, die notwendigen Reformen durchzuführen. Seine besondere Schlauheit bestand darin, dabei auf vorkolumbianische Institutionen zurückzugreifen.

Die „Mita", das inkaische System staatlicher Arbeitsverpflichtung, wurde von Toledo nun für Potosí genutzt. Die Dörfer der „freien Indianer" des Hochlands wurden verpflichtet, pro Jahr insgesamt 13 500 Männer für die Minenarbeit zur Verfügung zu stellen. Jeder Indio aus den umliegenden Provinzen mußte alle sieben Jahre ein Jahr lang für die Spanier in die Gruben. Ein umfangreicher Katalog an Bestimmungen sollte den „Mitayos" dabei ein menschenwürdiges Leben in der „villa imperial" garantieren. Lohn, Verpflegung, Freizeit, Reisekosten, Urlaub – alles war festgelegt und geregelt. Doch wie bei den Encomiendas blieben die Gesetze auf dem Papier. Der Willkür der Minenbesitzer, denen die unmittelbare Aufsicht über die Zwangsverpflichtungen oblag, wurde durch die schönen neuen Schutzgesetze keineswegs ein Riegel vorgeschoben. Die Unternehmen preßten aus den ihnen von der Krone zur Verfügung gestellten Indianern heraus, was nur ging. Das Leben der Mitayos und ihrer Familien wurde zur Hölle. Wer irgendwie konnte, floh in andere Gegenden, um dem Dienst zu entgehen. Innerhalb von 100 Jahren ging die Bevölkerung in den Mita-Regionen von 80 000 auf 10 000 zurück.

Potosí selbst blühte jedoch auf. Mochten die Indianer auch wie die Fliegen sterben, durch das System Potosí war die Macht der Krone im Vizekönigreich wieder etabliert. Eine wirksame Kontrolle der Industrie und der Einkünfte war dem großen Reformer wichtiger als die genaue Befolgung der Schutzgesetze.

Neben der Mita, die trotz aller Verluste an Menschen einen ständigen Fluß an Arbeitskräften garantierte, hatte Toledo der Krone auch noch weitere Schlüsselpositionen verschafft: So wurden die alten, von Indios betriebenen kleinen Schmelzöfen zur Silbergewinnung durch das Verfahren der Amalgamation mit Quecksilber ersetzt. Dieses Verfahren war zwar äußerst ungesund, aber es war effektiver und brachte der Krone die entscheidende Kontrolle bei der Silberproduktion. Quecksilber gab es nur in der königlichen Mine von Huancavelica im zentralen Hochland. Auch wenn die Silberminen in Potosí privat blieben, die Krone hatte sie nun mit dem Quecksilbermonopol in der Hand.

Ein weiteres Monopol schuf Toledo mit der Gründung der königlichen Münze von Potosí. Alles geförderte Silber mußte an diese Münze verkauft werden. Steuern, Abgaben sowie der königliche Fünfte wurden hier erhoben und einbehalten. Der Silberboom konnte an der Krone nicht mehr vorbeilaufen.

Und der Boom kam. Abenteurer und Geschäftsleute, Handwerker und Geistliche, Künstler und Spitzbuben strömten in die neue Metropole, wie angezogen vom Silberrausch. Potosí wurde nicht nur die größte und reichste Stadt des Kontinents, sondern auch die wüsteste: Paläste und Spielhöllen, Klöster und Bordelle, Bankette und Messerstechereien, Luxus und Elend, Gewalt und Gier bestimmten das Leben unter dem Silberberg. Um 1650 hatte die Stadt an die 160 000 Einwohner und produzierte die Hälfte allen Silbers der Welt. Nur Lon-

Abb. 3: Im 17. Jahrhundert die reichste Stadt der Welt: Potosí

don war noch größer, aber verglichen mit dem Glanz Potosís wohl eher ein trübes Loch. Zu christlichen Festlichkeiten wurde in der Stadt die Hauptstraße mit Silber gepflastert. Die Luxusprodukte für die reichen Minenbesitzer und die königlichen Beamten kamen aus allen Ländern der Erde. Künstler, Handwerker und Händler plagten sich in der dünnen Luft, die Schatzkammer der Welt gebührend auszustaffieren. Egal ob es Kirchen waren oder Kokotten, sie wurden geschmückt mit Prunk und Verschwendung.

Doch das Babylon in 4000 Meter Höhe mußte auch mit Nahrung versorgt werden. Mit Kokablättern und einer Handvoll Hochlandgemüse konnte man vielleicht die Indios abspeisen, die feine Gesellschaft war damit nicht zufriedenzustellen. Der umsichtige Francisco de Toledo hatte auch für diesen Bereich die Weichen gestellt. Im Hinterland von Potosí wurden spanische Städte gegründet, Siedlungen erweitert, Versorgungssysteme aufgebaut. Der gesamte Gerichtsbezirk von Hochperu – bereits 1559 als „Audiencia de Charcas" mit der

Hauptstadt Chuquisaca eingerichtet – wurde in die Infrastruktur des Systems Potosí einbezogen. Zumindest die spanische Bevölkerung profitierte so eine Weile vom schnellen Reichtum. Cochabamba, auf 2500 m inmitten fruchtbarer Täler gelegen, wurde zu einem wichtigen Weizen- und Maislieferanten. Chuquisaca (das heutige Sucre), ebenfalls mit ewigem Frühling gesegnet, entwickelte sich nicht nur zu einem intellektuellen und theologischen Zentrum, sondern auch zu einem landwirtschaftlichen. Selbst der steigende Kokabedarf der Mitayos stimulierte die Produktion: Die östlich von La Paz gelegenen Yungas kamen kaum damit nach, die Elendsdroge für die indianischen Bergleute zu liefern.

Die spanischen Siedlungen erhielten lokale Verwaltungen, eigene Gerichtsbarkeit, Polizeigewalt. Neue Provinzeliten entstanden. Doch die königlichen Beamten bis hinab zu den „corregidores", den Steuereintreibern, blieben die entscheidende Machtinstanz. Bemerkenswert dabei ist, daß zumindest die höheren dieser von Spanien entsandten Verwalter noch eher an einer Verbesserung der Sozialordnung und Reformen zugunsten der Indianer interessiert waren als die kreolische (d.h. im Lande geborene) Oberschicht. Als verlängerter Arm der Krone und des Indienrates mischten die Beamten das ökonomische Interesse der Monarchie wenigstens gelegentlich mit dem Anspruch, das Glück aller Untertanen des Königs zu mehren. (Zumal die ganze Kolonialzeit hindurch in Spanien durchaus und immer wieder die moralisch-christlichen Aspekte der Kolonialherrschaft diskutiert wurden – Berichte, Denkschriften und edelwollende Dekrete zeugen davon.) Der spätere Konflikt zwischen „Spaniern" und Kreolen, der schließlich im Unabhängigkeitskampf mündete, nahm hier seinen Anfang.

Das Maß der Skrupel gegenüber der Ausbeutung der Indianer hielt sich freilich auch bei den Spaniern in Grenzen, die vom Ausstoß der Münze in Potosí bestimmt wurden. Toledo war – wie gesehen – bestrebt, die traditionellen Lebensformen der Indianer für die Bedürfnisse der Krone zu nutzen, wo es nur ging. So versuchte er zwar einerseits, die verstreuten klassischen Ayllus in zentralisierte bäuerliche Gemeinschaften zu überführen, was allein schon die Kontrolle erheblich erleichterte, aber er war andererseits durchaus daran interessiert, die lokale Autonomie dieser „comunidades indígenas" zu erhalten. Die Zusammenarbeit mit den Dorfältesten (den Jilakatas) und dem weiter existierenden indianischen Provinzadel (den Kurakas) garantierte eine gewisse Stabilität. Vor allem die Kurakas, die schon unter den Inkas die Tribute der ihnen unterstellten Dörfer organisiert hatten, erwiesen sich für die Spanier als wertvoller Transmissionsriemen. Ihre Funktion blieb dieselbe, nur die Herren hatten gewechselt. Als Landbesitzer und Respektspersonen hafteten sie mit ihrem Eigentum und ihren Privilegien dafür, daß die Dörfer nun ihre Verpflichtungen auch den Spaniern gegenüber erfüllten.

Den indianischen Autoritäten standen als Steuereintreiber die „corregidores de indios" gegenüber. Diese schlecht bezahlten königlichen Beamten wurden im Lauf der Zeit zum Schrecken der Landbevölkerung. Weit entfernt von den Institutionen und Gesetzeskommissionen des Indienrates, versuchten die Beamten eher regelmäßig als maßvoll ihr Gehalt beim Besuch der Dörfer aufzubessern. Die beliebteste Variante war dabei, den Indianern zwangsweise Ware zu verkaufen. Auch hier bewies sich, daß vor Ort die erhabensten gesetzlichen Regelungen zum Schutz der einheimischen Bevölkerung zu Makulatur wurden. Die immer wieder aufflackernden Indianerrebellionen sind ein Indiz dafür, wie wenig das so fein ausgeklügelte System die Verelendung der Indianer verschleiern, geschweige denn verhindern konnte.

3. Boom und Depression: Der Zyklus des Silbers

Neben und nach Potosí entstanden im Hochland weitere Minenzentren. Als der Boom des „cerro rico" bereits im Abflauen war, brachte die Entdeckung ausgedehnter Silbervorkommen bei Oruro einen neuen Silberrausch. Da hier die indianischen Bergleute als freie Lohnarbeiter angestellt wurden und nicht dem Mita-Zwang unterworfen waren, kam es zu einer dauerhafteren Ansiedlung als in Potosí. Oruro erlebte ebenfalls einen Boom und wurde Ende des 17. Jahrhunderts zu einer der wichtigsten Städte Hochperus mit immerhin 80000 Einwohnern. Der andere soziale Status der Indianer ließ die Stadt bald zu einem Zentrum der „Cholos" (Mestizen) werden. Das Selbstbewußtsein dieser neuen Schicht verhinderte, daß Oruro in jenen Zustand der absoluten Erschöpfung fiel, wie es mit Potosí geschehen sollte. Doch auch Oruro blieb von der Depression nicht verschont.

Die Krise der kolonialen Gesellschaft Hochperus begann bereits Mitte des 17. Jahrhunderts. Ursache war das langsame Versiegen des Silberstromes. Zumindest das leicht abzubauende Metall erschöpfte sich. Um 1750 hatten alle Städte, die am Boom beteiligt gewesen waren, einen beträchtlichen Teil ihrer Einwohner wieder verloren. Die Bevölkerung, die im übrigen zum ersten Mal seit der Konquista wieder wuchs, verließ in Massen die Zentren, in denen es nichts mehr zu holen gab. Auch die großen Haziendas, die die Minenorte versorgt hatten, verloren an Bedeutung. Hochperu erlebte erneut einen strukturellen Wandel. Die freien indianischen Gemeinden wuchsen, die regionalen Märkte bestimmten wieder mehr das Bild. Der große pan-andine Markt der Boom-Zeit zerfiel. Nicht nur in Europa, auch in den Kolonien hatten die Spanier Mitte des 18. Jahrhunderts die glorreichen Zeiten erst einmal hinter sich.

Doch die Audiencia von Charcas blieb auch in diesen Jahren der Depression noch eine gewinnbringende Kolonie. Die Krone paßte ihre Politik den neuen Umständen an. Was an Gewinnen aus den Minen verlorenging, sollte über eine umfassendere Besteuerung wieder hereingeholt werden. Zu diesem Zweck wurde eine Kopfsteuer für jeden männlichen Indianer eingeführt. Bis Ende des 18. Jahrhunderts wurde dieser Tribut zu einer der wichtigsten Einnahmequellen in Hochperu.

Auch in der Frage der Erze und Minerale reagierten die Spanier nach einiger Zeit. Es gab ja weiterhin genügend

Reichtümer im Boden. Nur das Schürfen war mühsamer und aufwendiger geworden. Um an die verborgenen Schätze zu kommen, waren Investitionen notwendig, die die kleinen privaten Minengesellschaften nicht leisten konnten. Angeregt durch die positiven Erfahrungen, die sie in Mexiko gemacht hatte, stellte die Krone nun auch in Hochperu Mittel zur Verfügung, um den weiteren Abbau der Minerale zu sichern. Sie verzichtete auf die Hälfte ihrer Gewinnanteile, verbilligte die Preise für Quecksilber und beteiligte sich an der Gründung einer Minenbank, um den Kapitalfluß für die Minen zu garantieren.

Charcas kam 1777 – sehr zum Ärger Limas – unter die Jurisdiktion des neugegründeten Vizekönigreiches Rio de la Plata. Buenos Aires hatte unter den Handelsrestriktionen zugunsten Limas lange gelitten. Nun durften die Exporte und Importe Hochperus über die Stadt am Rio de la Plata abgewickelt werden. Der Handel über die südliche Route sollte auch der Minenindustrie in Charcas wieder auf die Beine helfen. Langsam wurde die große Krise des Bergbaus in den Anden überwunden. Die Produktion lief wieder, wenn auch reduziert. Die Minen sollten weiterhin für das Leben im Hochland bestimmend sein.

4. Tupac Amaru: Die gescheiterte Revolution

Es wird oft vergessen, daß es zwischen den beiden bekannten Revolutionen des ausgehenden 18. Jahrhunderts, der amerikanischen von 1776 und der französischen von 1789, in Südamerika eine Aufstandsbewegung gab, die in ihrem Umfang sicherlich mit den beiden anderen zu vergleichen ist. Aber gescheiterte Revolutionen hinterlassen nicht so tiefe Spuren im Bewußtsein. Vor allem nicht bei den Siegern. Bei den Unterdrückten Lateinamerikas wird das Andenken an die große Rebellion des Túpac Amaru und seiner Nachfolger Tomás Katari und Túpac Katari bis heute gepflegt. Guerillatruppen,

Universitäten und Kooperativen auf dem ganzen Kontinent benannten sich nach den Rebellen.

Von 1780–82 erschütterten die Aufstände das Hochland. Sie scheiterten und endeten in einem Blutbad. Es war das letzte große Aufbäumen der zu dieser Zeit bereits 200 Jahre geknechteten Ureinwohner des Kontinents. Für einige Zeit sah es so aus, als könnten die Indianer und Mestizen wieder Herren im eigenen Land werden und das Rad der Geschichte, das sie bis dahin zerdrückt hatte, wieder in von ihnen selbst bestimmte Bahnen lenken. Mit der Niederlage war der Traum von einer unabhängigen indianischen Gesellschaft endgültig ausgeträumt.

Hochperu wurde zu einem Hauptschauplatz der Kämpfe. Begonnen hatte der Aufstand in der Region von Cusco, der alten Inkahauptstadt. José Gabriel Condorcanqui, der sich nach einem der letzten Inkaführer aus der Zeit der Konquista Tupac Amaru II. nannte und als dessen legitimer Erbe auftrat, war einer der angesehensten Kurakas in der Provinz Cusco gewesen. Er hatte mit den Spaniern zusammengearbeitet, von ihnen sogar den Titel eines Marquis verliehen bekommen. Jahrelang hatte er versucht, eine bessere Behandlung der Indianer durchzusetzen – ohne Erfolg. 1780 zog er die Konsequenz und begann, einen allgemeinen Aufstand gegen die Kolonialherrschaft zu organisieren. Innerhalb kürzester Zeit gelang es ihm, Zehntausende indianischer Rebellen zu mobilisieren. Entscheidend war dabei, daß er es verstand, den indianischen Adel, d.h. die Quetschua- und Aymara-Kurakas, miteinzubinden. Nur so war es möglich, daß sich die Indianer im ganzen Land fast gleichzeitig gegen die Kolonialherren erhoben.

Lokale Aufstände hatte es, wie erwähnt, die ganze Kolonialzeit über gegeben. Doch immer war es der Krone gelungen, diese Unruhen isoliert zu halten und dann niederzuschlagen oder durch gewisse Zugeständnisse an die Kurakas zu entschärfen. Mit der Aufstandsbewegung Tupac Amarus aber ging den Kolonialherren die für sie bis dahin so wichtige Pufferschicht der Kurakas weitgehend verloren.

Tupac Amaru trat als eine Art Messias auf. Als „Vater aller Armen, Elenden und Hilflosen" propagierte er nicht weniger als die Errichtung eines neuen indianischen Reiches ohne Spanier. Diese Vision mußte gerade die Kurakas, die im Laufe der Zeit zu würdelosen Marionetten der königlichen Verwaltung degradiert worden waren, faszinieren. Dazu kam das anfängliche Kriegsglück der Rebellen. Zum ersten Mal seit der Konquista standen sich Spanier und Indianer, Unterdrücker und Unterdrückte, wieder in zwei großen Blöcken gegenüber.

Es gelang Tupac Amaru, große Gebiete der Provinz Cusco zu besetzen. Von November 1780 bis März 1781 belagerte er die alte Inkahauptstadt. In Hochperu, in den Minengebieten um Potosí, organisierte Tomás Katari, ebenfalls ein Kuraka, den Aufstand. Ein Neffe Tupac Amarus, Andrés, eroberte die Provinz Larecaja östlich des Titicaca-Sees und schickte sich an, die Provinzhauptstadt Sorata zu belagern. Es brannte an allen Ecken und Enden im Hochland.

Tupac Amaru wurde verraten. Die königlichen Truppen nahmen ihn gefangen. Er wurde mit seiner Familie und seinen wichtigsten Mitstreitern auf dem Hauptplatz von Cusco öffentlich gefoltert. Vier Pferde sollten ihn in Stücke reißen. Sein Körper aber hielt stand. So wurde er geköpft und dann zerstückelt. Seine Gliedmaßen wurden zur Abschreckung in verschiedene Provinzen gebracht, sein Kopf in Tinta, wo die Rebellion begonnen hatte, öffentlich ausgestellt. (Nach einer Legende des Hochlandes setzten die Indianer später den Körper Tupac Amarus wieder zusammen. Bis heute aber haben sie den Kopf noch nicht gefunden. Finden sie ihn, wird die Rebellion des Tupac Amaru siegreich beendet werden.)

Die Kämpfe in Hochperu gingen nach dem Tod Tupac Amarus weiter. Sorata wurde im August eingenommen, alle dort lebenden Spanier umgebracht. Als nächste Stadt war La Paz an der Reihe. Andrés vereinigte sich mit einem weiteren Führer der Bewegung, Julian Apaza, der sich nach den beiden Helden des Aufstandes Tupac Katari nannte, und begann die Belagerung. La Paz wurde nicht genommen, aber die Belagerung, die bis Ende des Jahres dauerte, gehört zu den schrecklichsten Erfahrungen, die die Spanier in Hochperu je machen mußten. Als königliche Truppen, die aus Buenos Aires herbeigeholt worden waren, schließlich den Ring um die Stadt brachen, lebte dort kaum noch jemand.

Auch in anderen Städten der Audiencia von Charcas kam es zu Kämpfen. Die größte Stadt, die von den Rebellen genommen wurde, war Oruro. Hier kam es sogar zu einer zeitweiligen Allianz zwischen Indianern, Mestizen und Kreolen, die gemeinsam die Spanier aus der Stadt vertrieben. Doch auch Oruro wurde schließlich von den königlichen Truppen zurückerobert.

Die Zerschlagung des Aufstandes gehört zu den blutigsten Kapiteln der Kolonialherrschaft. Sie besiegelte das Schicksal des indianischen Adels, der Kurakas. Sofern sie nicht umgebracht wurden, verloren sie ihre Ämter, ihren Besitz und ihre Privilegien. Die „freien Gemeinden" wurden ab nun von spanischen „Kurakas" kontrolliert. Indianische Mitbestimmung in der lokalen Verwaltung wurde abgeschafft. Aber auch die „corregidores de indios", die für soviel böses Blut gesorgt hatten, wurden durch eine neue Verwaltung ersetzt.

Kurz nach dem Aufstand führte die spanische Krone überall in den Kolonien eine Verwaltungsreform durch. Entscheidend wurde dabei die Institution der „Intendencia". Das Modell hatte sich in Frankreich bewährt und war über die Bourbonen nach Spanien gekommen. In Hochperu wurden vier Intendencias eingerichtet: La Paz, Cochabamba, Potosí und Chuquisaca. Die Intendanten übernahmen in ihrem Gebiet sowohl Verwaltungsaufgaben als auch richterliche und sogar militärische. Sie entstammten der Elite des Königreiches, wurden sorgfältig ausgewählt und so gut bezahlt, daß sie Extrageschäfte nicht nötig hatten. In der kurzen Zeit, die ihnen verblieb, gelang es den Intendanten tatsächlich, noch einmal für einen gewissen wirtschaftlichen Aufschwung in den von der Rebellion verwüsteten Gebieten zu sorgen.

Die Indianer wurden erneut und noch effektiver ins koloniale System eingegliedert. Die Intendanten kümmerten sich selbst um die Besteuerung, die Arbeitsverpflichtung und die

Abgaben. Der Aufschwung sowohl in den Minen wie in der ländlichen Produktion und im Handel schuf neuen Bedarf an Arbeitskräften, den – wie immer – nur die Indianer befriedigen konnten. Das verbesserte Kontrollsystem der Intendanten – es wurden zum Beispiel erstmals systematische Volkszählungen durchgeführt – ließ die Freiräume immer kleiner werden. Das neue System war sicherlich aufgeklärter, an der Ausbeutung der Indianer änderte es nichts.

5. Murillos Fackel: Der Kampf um die Unabhängigkeit

Die bourbonischen Reformen im Kolonialreich konnten die wachsenden Gegensätze zwischen der aus Spanien entsandten Verwaltungsoberschicht und der kreolischen Aristokratie nur eine Weile verdecken. Die straffe und zentralistische neue Verwaltung beförderte bisweilen sogar den Unmut der Alteingesessenen: Sie fühlten sich von der Krone und ihren Intendanten bevormundet. Das spanische Handelsmonopol, die den Südamerikanern auferlegten Zollschranken, das beständige Hereinreden und Hereinregieren in Sachen, die sie für ihre ureigensten hielten, all das war den Kreolen ein Dorn im Auge. Der Wunsch nach wirtschaftlicher Unabhängigkeit, politischer Macht und Selbstbestimmung wuchs. Das nordamerikanische Beispiel der Ablösung vom Mutterland hatte ein Zeichen gesetzt.

Für eine erfolgreiche Unabhängigkeitsbewegung im Süden mußten freilich eine Reihe von Faktoren zusammenkommen. Das spanische Kolonialsystem war weitaus verwurzelter als das englische, die Loyalitäten zur Krone waren stärker, die Verbindungen zum Mutterland enger. Von den stürmischen Jahren nach der französischen Revolution blieb die kreolische Oberschicht nicht unberührt. Viele der höheren Söhne reisten nach Europa, lernten die Ideen der Aufklärung, die Ideale der Revolution, den frischen Atem des europäischen Bürgertums kennen. Manche verdienten sich in den napoleonischen Kriegen die ersten militärischen Sporen.

Die einschneidenden Veränderungen auf der europäischen Bühne schufen die Voraussetzungen für eine wirkliche, den ganzen Subkontinent ergreifende Bewegung. Erst als in Spanien die alte Monarchie abtrat und Napoleon seinem Bruder Joseph die spanische Krone auf den Kopf setzte, entstand eine Lage, in der die kreolische Unzufriedenheit mit dem Kolonialstatus sich mit den neuen Geistesströmungen (die pikanterweise ja zum größten Teil aus Frankreich kamen) verband und die alten Loyalitäten überwand.

Die Rolle Englands in dieser Zeit war zwiegespalten. In Europa zogen die Briten mit den Spaniern in ihrer Allianz gegen Napoleon an einem Strang. In Südamerika war demselben England jede Bewegung, die sich gegen den alten Rivalen richtete, die spanische Krone also schwächte, nur allzu willkommen.

Mit dem Beginn der spanischen Wirren hingen die „gachupines", wie die peninsularen Spanier in Südamerika genannt wurden, plötzlich in der Luft. Für die Kreolen eröffneten sich neue Möglichkeiten. Im Mutterland gab es auf einmal mehrere Fraktionen: den von Napoleon eingesetzten neuen König Joseph, den spanischen Widerstand der Junta Central, den Sohn des von Napoleon zur Abdankung genötigten Königs Karl IV., Ferdinand VII. sowie dessen Schwester Carlota, die aus Brasilien her ebenfalls Ansprüche anmeldete. Weit vom Schuß, ohne genaue Informationen, mußten die lokalen Eliten in Südamerika selbständig entscheiden, mit wem sie es halten wollten. In Chuquisaca kam es bereits 1808 zwischen dem Präsidenten der Audiencia und den einzelnen Richtern über diese Frage zum Streit, der zur Verhaftung des Präsidenten führte. War dies noch ein Streit unter Spaniern gewesen, so wurde der Aufstand, den Pedro Domingo Murillo im Juli 1809 in La Paz anführte, der erste Versuch, wirkliche Unabhängigkeit für Lateinamerika zu erkämpfen.

Daß Murillo die Macht seiner „unabhängigen Regierung" im Namen des abgehalfterten Ferdinand VII. übernahm, war ein taktischer Schachzug, der die Royalisten verunsichern sollte. Es half nichts. Die Rebellion wurde durch die vereinten

Kräfte der Vizekönige von Lima und Buenos Aires niedergeschlagen, Murillo 1810 exekutiert. Er ist heute der Nationalheld Boliviens. Sein Denkmal steht auf dem nach ihm benannten Hauptplatz von La Paz. Dort sind auch seine letzten Worte zu lesen: „Die Fackel, die ich angezündet habe, wird nicht mehr ausgelöscht werden."

Die Fackel ging nicht aus. Hochperu wurde in den folgenden Jahren immer wieder zum Schlachtfeld der kontinentalen Auseinandersetzungen. Wohl kein Gebiet Lateinamerikas hatte unter den Bürgerkriegswirren so zu leiden wie die alte Audiencia von Charcas. Guerillakampf, Schlachten, Invasionen und Rebellionen bestimmten für lange Zeit das Leben in Hochperu. Nachdem sich Buenos Aires gegen den Vizekönig erhoben hatte und nun den Kampf von Süden nach Norden tragen wollte, fanden die entscheidenden Auseinandersetzungen mit den Royalisten bis 1816 im Hochland statt. Fast alle Städte wechselten mehrmals die Besatzung. Die republikanischen Besatzer gingen dabei nicht weniger zimperlich vor als die königlichen. Es herrschte jenes Chaos im Land, das jahrelange Kriegswirren immer nach sich ziehen.

1816 war Charcas nach vielen Kämpfen wieder zu einem Bollwerk der Royalisten geworden. Die meisten jener kleinen „republiquetas", die die kreolischen „caudillos" auf dem Lande errichtet hatten, waren zerschlagen. Der Guerillakampf gegen die Spanier kam zum Erliegen, denn auch die Argentinier waren 1815 in einer entscheidenden Schlacht aufgerieben worden.

Der Kampf um die Unabhängigkeit verlagerte sich in andere Gebiete des Subkontinents. Simón Bolívar zog von Venezuela nach Peru. San Martín begann seinen Zug über die Anden nach Chile, um später – mit englischer Hilfe – seine Truppen per Schiff nach Peru zu bringen. Lima als der Sitz des Vizekönigs war das wichtigste Ziel der Libertadoren. Das inzwischen weitgehend verwüstete Hochperu konnte warten. So wurde das Gebiet, in dem „die Fackel entzündet worden war", als letztes von ganz Amerika unabhängig. Selbst nach dem Sieg Sucres über die Royalisten bei Ayacucho am 7.12.

1824 (allgemein als das Befreiungsdatum in ganz Südamerika angesehen) dauerte es in Hochperu noch einige Monate, bis auch dort der General der spanischen Truppen, der sich der Kapitulation von Ayacucho nicht angeschlossen hatte, durch Meuterei seiner eigenen Truppen ausgeschaltet war.

Hochperu war damit von den Spaniern befreit, aber es hatte sich nicht selbst befreit. Die letzten Schlachten waren von Argentiniern, Kolumbianern und Chilenen geschlagen worden. Auf beiden Seiten hatten auch Indianer, Mestizen und sogar schwarze Sklaven mitgekämpft, aber ihr eigener Kampf war es nie gewesen.

Bolívars Träume von einer Republik nach nordamerikanischem Muster, die den ganzen Subkontinent umfassen sollte, erwiesen sich schon bald als Illusion. Dagegen standen nicht nur die großen regionalen Unterschiede, sondern auch die Gegensätze, die sich unter den Kreolen im Laufe der langen Kolonialgeschichte gebildet hatten. Die lokalen Eliten von Argentinien bis Venezuela zeigten wenig Bedürfnis, die Kolonialstruktur nun durch eine zentralisierte Republik zu ersetzen. Der 15jährige Krieg hatte die Kreolen keineswegs zusammengeschweißt. Lima etwa wollte nicht ein Teil von Großkolumbien werden und hatte eine historische Angst vor der La-Plata-Region. Großkolumbien zerfiel bald in drei Staaten, die zentralamerikanischen Kleinstaaten entstanden. Das Bedürfnis nach Abgrenzung war weitaus stärker als der Wunsch nach der einen großen Union, und sei es unter Führung des großen Bolívar.

Für Hochperu ergab sich in dieser Lage die Möglichkeit, aus der alten Audiencia einen eigenen unabhängigen Staat zu machen. Weder Peruaner noch Argentinier hatten etwas gegen einen derartigen „Pufferstaat". Die politischen Entscheidungsträger, d.h. jene lokalen Eliten, die den Krieg überlebt hatten, und dazu gehörte auch ein guter Teil ehemaliger Royalisten, waren einer autonomen Regierung nicht abgeneigt. In Marschall Sucre, dem Sieger von Ayacucho und Gefährten Bolívars, stand ein Mann zur Verfügung, der die nötige Autorität besaß, eine konstituierende Versammlung aller

Provinzen von Hochperu einzuberufen, um das Schicksal des Landes zu entscheiden. Am 6. August 1825 beschloß diese Versammlung in Chuquisaca die Unabhängigkeit. Um den Libertador ein wenig zu besänftigen, sollte der neue Staat nach Bolívar benannt werden.

IV. Die Republik (1825–1952)

Die fünfzehn Jahre Krieg hatten ein entvölkertes Land zurückgelassen, die Minen und Haziendas waren verlassen. Potosí, einst die bevölkerungsreichste Stadt des Kontinents, hatte nur noch 9000 Einwohner, Sucre, wie die alte Hauptstadt von Charcas jetzt hieß, zählte kaum 12000. Die Minen waren zum größten Teil überflutet. Sie instand zu setzen, ging über die ökonomischen Möglichkeiten der einzelnen Orte hinaus. Es sollte vierzig Jahre dauern, bis sie wieder funktionierten.

Auch wenn Simón Bolívar für einige Monate der erste Präsident Boliviens wurde, so war es doch sein Stellvertreter Marschall Antonio José de Sucre, der als der zweite Präsident (1825–28) die ersten Institutionen des Landes schuf. Sucre begann seine Regierungszeit mit all seinem jugendlichen Elan und führte eine Reihe von Reformen durch, die – so sah es jedenfalls zunächst aus – die gesamten Strukturen der alten Kolonialgesellschaft veränderten. Er schaffte die Mita und die Tribute der Indianer ab, enteignete den größten Teil der Kirchengüter und führte den weltlichen Unterricht ein. Die Kirche sollte sich von diesem Schlag nicht mehr erholen. Obwohl sie bereits nach einigen Jahren ihre meisten Besitztümer wieder zurückerhielt, blieb ihr Einfluß in Bolivien weitaus geringer als in den Nachbarländern.

Für den Geschmack der lokalen Eliten waren die Reformen Sucres einige Nummern zu fortschrittlich. Der Präsident traf auf Widerstand von allen Seiten und mußte bald aufgeben. 1828, nach einem Attentatsversuch auf ihn, legte er sein Amt nieder und kehrte in seine Heimatstadt Caracas zurück. Binnen kurzer Zeit wurden fast alle seiner Reformen zurückgenommen und ein neuer Staat errichtet, der den Interessen derer, die ihn vertrieben hatten, besser entsprach. Abgesehen von dem Bruch mit Spanien kam es somit zu wenigen Veränderungen in den ökonomischen und sozialen Strukturen des Landes. Schließlich waren die neuen Regierenden die Söhne und Enkel derer, die vorher an der Macht gewesen waren. Diese kleine Gruppe von Kreolen, die ihre Macht bis Mitte unseres Jahrhunderts behielt, nutzte das System zur Ausbeutung der Indianer sogar noch besser als in der Kolonialzeit. Die Tributpflicht für die Indios wurde wieder eingeführt und zur wichtigsten Einnahmequelle während des ganzen 19. Jahrhunderts.

Das System einer regelrechten Leibeigenschaft, die „pongueaje", wurde zum Charakteristikum der Epoche. Die Indianer selbst befanden sich zu dieser Zeit in einem Zustand der Depression: Die Niederlagen von Tupac Amaru und der Kataris hatten sie ihrer Führer und der Kraft beraubt, erneut für ihre Rechte zu kämpfen. Der Unabhängigkeitskrieg war eine Sache der Kreolen gewesen, und nur sie trugen den Nutzen davon. Die Indianer blieben an ihrem Platz: Sie arbeiteten weiter für die Herren, Verbesserungen ihres Loses gab es nicht.

Das Bolivien der Herren durchlebte in den 30er Jahren eine Phase der Stabilität und des Fortschritts. Ausschlaggebend dafür war die Regierung des Andrés de Santa Cruz, dessen Regierungszeit neun Jahre dauerte – die längste, die Bolivien je erlebte. Santa Cruz organisierte die Justiz, die Wirtschaft und den Handel. Bevor er Präsident Boliviens wurde, war Santa Cruz Präsident Perus gewesen. Es lag daher nahe für ihn, beide Länder zu vereinigen. Man ging sogar so weit, an die Wiederherstellung einer Art Inkareiches zu denken, mit eben jenem Santa Cruz, einem Sohn spanischer und indianischer Adeliger, auf dem Inkathron. Die Zukunft des Landes erschien zum ersten Male hoffnungsvoll.

1. Caudillismo: Die permanente Staatskrise

1836 gelang es Santa Cruz, eine bolivianisch-peruanische Konföderation zu schaffen, die aber bereits drei Jahre später an äußeren und inneren Feinden scheiterte. Santa Cruz mußte ins Exil gehen. Wie in den meisten anderen Staaten des spanischsprechenden Lateinamerikas bestimmten für die nächsten Jahrzehnte selbsternannte „caudillos“ (Führer) auch die Geschicke Boliviens. Um sich der Regierung zu bemächtigen, genügte oft ein kleines Bataillon. Der Staat, dessen Bevölkerung zum Großteil auf dem Lande lebte, wurde von einer Handvoll Männern regiert, die nur den Regierungspalast einnehmen mußten, um Präsidenten ab- und einzusetzen.

Aus Angst vor solchen Putschen kultivierten manche Caudillos eine Art mobiler Regierung, zogen mit dem gesamten Staatsapparat von einem Ort zum anderen und regierten einen Monat in La Paz, den nächsten in Sucre, dann in Oruro und Potosí. Während sie so von einem Ende der Republik zum anderen zogen, um Aufstände und neue Putsche zu verhindern und niederzuschlagen, blieb wenig Zeit und noch weniger Geld, das Land zu entwickeln. Das Heer verschlang den größten Teil des Staatshaushaltes. Die Regierungen verfolgten ausschließlich ihre eigenen Interessen, ihre Macht beruhte auf der Popularität oder der Verwegenheit ihrer Führer.

So lösten sich Caudillos verschiedenster Art ab. Aristokraten und Militärs, Aufsteiger und Populisten, wie etwa Manuél Isidoro Belzú, der bereits damals erklärte, daß die Macht vom Volke ausgehe und der Adel nur durch Raub zu seinem Besitz gekommen sei. Andere, wie General Mariano Melgarejo, der Belzú eigenhändig umbrachte, machten eben diesen Raub zur Grundlage ihrer Politik: der „caudillo bárbaro“ enteignete Tausende von indianischen Dorfgemeinschaften, um die Ländereien dann an den Meistbietenden zu verkaufen oder gleich für sich zu behalten.

Die Wirtschaftspolitik dieser Jahre der permanenten Staatskrisen sah entsprechend aus. Hatte der eine Caudillo Einfuhrverbote dekretiert, um die nationale Produktion zu schützen, so öffnete der nächste die Grenzen in einem Maße, daß die Industrie wieder zusammenbrach. Eine ökonomisch bedeutsame Mittelklasse konnte in diesem Chaos nicht entstehen. Aus denselben Gründen hielt sich das ausländische Kapital zurück. Größere Einwanderungsströme gab es in Bolivien weder zu dieser noch zu anderen Zeiten, das Land blieb entvölkert.

Erst Mitte der 60er Jahre begann sich die Lage zu ändern. Hauptgrund dafür war das allmähliche Wieder-in-Gang-kommen des Bergbaus. Die 70er Jahre brachten dann einen regelrechten Aufschwung der Minenindustrie. So beschäftigt waren die Unternehmer, daß sie sich kaum um die nationale Politik kümmerten und den Caudillos auch weiterhin das Feld überließen.

2. Der Salpeterkrieg: Das Militär tritt ab

Die zerstörerischen Resultate von 40 Jahren Caudillismo mit seinem Chaos, seinen schlecht ausgehandelten internationalen Verträgen (sei es mit ausländischen Konsortien oder mit Regierungen), mit seiner Vernachlässigung des Landes und seinem Mangel an politischer und ökonomischer Planung wurde im Jahre 1879 offensichtlich. Zu Beginn jenes Jahres brach ein Krieg aus, der Bolivien nicht nur eines beträchtlichen Teiles seines Territoriums beraubte, sondern auch seines Zugangs zum Meer, und damit zu jenem historischen Trauma führte, unter dem das Land bis heute leidet.

Bei der bolivianischen Pazifikküste handelte es sich um ein Wüstengebiet, das schwer zu besiedeln war. Schon die Durchquerung dieser Zone bereitete Schwierigkeiten. Doch diese Wüste enthielt Reichtümer, die für die europäischen Märkte von größtem Interesse waren: Guano (Vogelmist) und Salpeter, beides hochwertige Mineralien, ersteres zur direkten Verwendung als Dünger, letzteres Ausgangsprodukt zur Herstellung von Kunstdünger und Schießpulver.

Schon in den 60er Jahren war es mit Chile wegen des Guanos zu Konflikten gekommen, in deren Verlauf Bolivien zwei ganze Breitengrade (über 200 km) seines Küstenstreifens an den südlichen Nachbarn abgetreten hatte. Im Pazifikkrieg, der 1879 begann, aber ging es um Salpeter. Eine entscheidende Rolle in dieser Auseinandersetzung zwischen Bolivien und Peru (die durch einen Beistandspakt miteinander verbunden waren) auf der einen und Chile auf der anderen Seite spielten die Engländer. Britische Gesellschaften hatten sich gemeinsam mit den Chilenen seit Mitte der 70er Jahre an die Ausbeutung der Nitratvorkommen gemacht. Obwohl dies auf bolivianischem Gebiet geschah, hatten weder die Caudillos noch die wenigen bolivianischen Unternehmer eingegriffen. Den Engländern ihrerseits erschien – Grenze hin, Grenze her – eine Allianz mit den Chilenen weitaus vielversprechender als eine mit dem chaotischen Andenland, das es zudem einmal (unter Belzú) gewagt hatte, den britischen Botschafter des Landes zu verweisen, nicht ohne ihn vorher umgekehrt auf einem Esel sitzend durch La Paz zu treiben.

Chile, besser organisiert und ökonomisch mächtiger als Peru und Bolivien zusammen, hatte nicht allzu große Schwierigkeiten, beide Länder zu besiegen (1883). Besonders im Falle Boliviens zeigte sich, in welch lamentablem Zustand sich dessen Heer befand, im besten Falle dazu geeignet, Putsche oder Kasernenaufstände zu organisieren. (Deshalb ist es auch kein Zufall, daß der einzige bolivianische Held dieses Krieges – und einer der wenigen Kriegshelden des Landes überhaupt –, Eduardo Avaroa, ein Zivilist ist.)

Der Verlust des letzten Ansehens der Armee führte zu der Machtübernahme der Bergwerksmagnaten. In den Jahren nach dem Krieg lösten sich die drei reichsten Besitzer der Silberminen als Präsidenten der Republik ab. Zum ersten Mal in der Geschichte Boliviens gab es eine Folge ziviler Regierungen, die (im Sinne des 19. Jahrhunderts) demokratisch und entsprechend der Verfassung von Santa Cruz gewählt wurden. Das Hauptinteresse dieser Regierungen war es naturgemäß, ein günstiges politisches Klima für ihre Geschäfte zu schaffen. Dies gelang ihnen, und so wurden die letzten 20 Jahre des 19. Jahrhunderts zu einer Zeit des Aufschwungs. Die Minen, inzwischen vollständig wiederhergestellt und modernisiert, warfen große Gewinne ab, eine finanzkräftige Oberschicht entstand, Straßen und Eisenbahnen wurden gebaut, der Handel nahm zu. Das Los der Indios verbesserte sich freilich in keiner Weise. Im Gegenteil: die Regierungen schafften die juristischen Voraussetzungen für eine weitere Enteignung der

Dorfgemeinschaften und die Überführung des Landes an kreolische Besitzer. Das zutiefst ungerechte, im Wesen immer noch feudale System breitete sich noch aus. Armut, Knechtschaft und Ausbeutung der indianischen Bevölkerung wuchsen weiter.

3. Die Rosca: Barone des Booms

Am Ende des Jahrhunderts tauchte mit dem Zinn ein neues Mineral auf, das in Europa wie in den Vereinigten Staaten exzellente Absatzmöglichkeiten fand. Ein neuer Boom begann. Die Entdeckung großer Zinnvorkommen im nördlichen Sektor des Altiplano führte dazu, daß sich das Zentrum des nationalen Bergbaus nach Norden verschob. La Paz wurde, schon wegen seiner größeren Küstennähe, immer mehr zum nationalen Handelszentrum. Als Resultat dieser Verschiebung forderten die Bewohner des Nordens mehr Macht und begannen einen Bürgerkrieg gegen den Süden. Der Bürgerkrieg trug zwar auch ideologische Züge – föderalistische Liberale des Nordens gegen zentralistische Konservative des Südens –; diese wurden aber bald vergessen. Als 1898 die Konservativen schließlich geschlagen wurden, wurde La Paz zum Regierungssitz. Die alte Hauptstadt Sucre behielt lediglich den Titel, den obersten Gerichtshof und einen riesigen Regierungspalast, der kaum zur Hälfte fertiggestellt war.

Die Liberalen veränderten am konservativen Regierungssystem fast nichts, was wenig verwundert, gehörten sie doch derselben Klasse an, hatten dieselben Interessen und entstammten letztlich denselben Familien wie ihre konservativen Gegenspieler. Der Zinnboom beflügelte gemeinsam mit dem Kautschukboom die Wirtschaft des Landes, die Städte wuchsen, Parks wurden angelegt, Flanierstraßen und öffentliche Paläste. Neben den spanischen Altstadtzentren entstanden schöne neue Wohnviertel mit Residenzen im französischen Stil, im englischen, im gotischen oder in allen dreien zusammen. Die Oberschicht suchte und fand für ihren Lebensstil höchstes Raffinement und genoß es auf Kosten des Restes der Bevölkerung.

An der Spitze der sozialen Pyramide Boliviens befand sich zu dieser Zeit eine kleine Gruppe nahezu omnipotenter Bergwerksmagnaten: die drei Zinnbarone Patiño, Aramayo und später Hochschild mit ihrem Hofstaat. Die sogenannte „rosca" (das Gewinde) bildeten die höheren Angestellten ihrer Imperien sowie die von ihnen abhängigen Politiker, Partner und Honoratioren. Unter den Zinnbaronen folgte in der Pyramide die Gruppe der Großgrundbesitzer, die als eine Art Feudalherren den Provinzadel bildeten und nahezu unbeschränkt Macht über ihre Leibeigenen, die „pongos", ausübten, die die Ländereien mit primitivsten Mitteln bearbeiteten.

Die Mittelklasse beschränkte sich auf eine Handvoll Beschäftigter in höheren Berufen, die aus irgendwelchen Gründen die Haziendas verlassen oder verloren hatten. Die Basis der Pyramide setzte sich aus den wenigen Handwerkern, den Pongos, den freien Indios in den übriggebliebenen Dorfgemeinschaften und den Minenarbeitern zusammen. Die enorme Ungleichheit schuf zwar eine Atmosphäre des Grolles und der Unzufriedenheit, aber es kam zu keiner Rebellion. Die jahrhundertelange Ausbeutung hatte bei den meisten Indios zu einer resignativen, ja unterwürfigen Haltung geführt. Dennoch entstanden in den 20er Jahren die ersten kleinen Gewerkschaftsorganisationen. Marxistische Ideen und die russische Oktoberrevolution übten ihren Einfluß aber vor allem auf die Intellektuellen aus. Im Gegensatz zu anderen Ländern Lateinamerikas blieb die Linke in Bolivien jedoch zunächst schwach und ohne großen Widerhall im Lande.

4. Chaco: Der „dumme Krieg" und seine Folgen

Es war die Katastrophe des Chaco-Krieges, die den Aufbau der bolivianischen Gesellschaft bis in seine Grundfesten erschütterte und große Teile davon umstürzte. Der Chaco-Krieg begann im Jahre 1932 aufgrund eines nichtigen Anlasses und entwickelte sich zu einer Auseinandersetzung, die ihm zu Recht den Beinamen „La guerra estupida" (der dumme Krieg) eingetragen hat.

Der Chaco war lange Zeit eine Art Niemandsland gewesen. Obwohl in verschiedenen Grenzabkommen die Rechte Boliviens auf dieses Gebiet anerkannt worden waren, blieb das riesige Areal, abgesehen von ein paar Forts, so gut wie unbesiedelt. Ein kleiner Grenzstreit mit Paraguay wurde von der Regierung in La Paz zu der größten militärischen Konfrontation aufgeblasen, die Bolivien in seiner Geschichte erlebte. In völliger Unkenntnis der geographischen Situation und der militärischen Stärke des Landes stürzte sich Präsident Daniel Salamanca in dieses traurige Abenteuer, um von der wirtschaftlichen Krise des Landes abzulenken. Mit der Losung „starkes Auftreten in Paraguay" und dem Glauben, daß Asunción in zwei Wochen genommen werden würde, taumelte Bolivien in einen Zustand der Kriegsbegeisterung. (Einer der militärischen Leiter des Krieges war der deutsche Militärberater Hans Kundt, ein überzeugter Nationalsozialist.)

Doch es gab ein böses Erwachen. Das Schlachtfeld befand sich gewissermaßen am Ende der Welt. Nach 1000 km im Zug mußte das bolivianische Heer noch 2000 km zu Fuß durch die Wildnis marschieren. Es war kein Krieg gegen die Paraguayaner, sondern in erster Linie einer gegen Hitze, Durst, Durchfall, Typhus und Tuberkulose. Der Konflikt dauerte drei Jahre und ließ beide Länder erschöpft und in Ruinen zurück, mit einer ganzen Generation, die entweder umgekommen oder krank geworden war. 60000 Tote hatte der Krieg gekostet. Verdient hatte an dem Krieg die argentinische Bourgeoisie, die beide Länder während des Krieges versorgte, sowie die Standard Oil of New Jersey, die es fertigbrachte, mitten im Krieg bolivianisches Öl an Paraguay zu verkaufen.

Der Chaco-Krieg wurde zu einem Wendepunkt der bolivianischen Geschichte. Er hatte die Fehler des alten Systems, den Verschleiß der traditionellen Kräfte im Land auf bittere Weise bloßgelegt. Die alten Parteien verloren ihre Glaubwürdigkeit und jede Unterstützung durch die Mittel- und Arbeiterklasse.

Das führte zu einer Phase der Instabilität, die durch die letzten Zuckungen der traditionellen Parteien auf der einen und die Suche nach neuen Optionen auf der Seite der Jüngeren gekennzeichnet war.

Die Soldaten, die aus dem Chaco heimkehrten, waren an einem grundsätzlichen Wechsel interessiert. Die sogenannte „Chacogeneration" führte die größten Veränderungen des Landes in der neueren Geschichte herbei. Die Nachkriegszeit wurde zu einer Art Boom für die Politik, die Literatur, ja sogar die Kunst Boliviens.

Ein anderes Ergebnis des Krieges war die Reinkorporation des Militärs in die bolivianische Politik. Paradoxerweise erschienen die militärischen Führer, die doch eben erst den Krieg verloren hatten, nun plötzlich als mögliche Retter des Vaterlandes. Während der Präsidentschaft von David Toro und Germán Busch, den beiden herausragenden Militärs des linken Flügels, erlebte Bolivien Ende der 30er Jahre die ersten Versuche einer sozialistischen Politik oder, besser gesagt, eines Militärsozialismus. Die Standard Oil of Bolivia, die im Chaco-Krieg eine so obskure Rolle gespielt hatte, wurde verstaatlicht und in die Yacimientos Petrolíferos Fiscales de Bolivia (YPFB) überführt (die noch heute existiert). Eine konstituierende Versammlung verabschiedete 1938 eine der fortschrittlichsten Verfassungen des Kontinents. Germán Busch, der sich durch den Boykott eines Teils der reaktionären Kräfte in die Enge getrieben fühlte, erklärte allerdings bereits 1939 seine Regierung zu einer Diktatur und hob die Verfassung wieder auf. Dennoch erhielt Bolivien mit dem „Código Busch" bedeutsame Sozialgesetze zum Schutze der Arbeiter und der Familie.

Mit seinem Selbstmord im August 1939 machte sich Busch zum Märtyrer. Die konservative Oligarchie nutzte die Chance, wieder an die Macht zu kommen, und regierte (mit einer Unterbrechung) bis 1952. Der Fortschritt der Arbeiterbewegung aber ließ sich nicht mehr aufhalten. Massaker in den Minenzentren (wie in Catavi 1942), Aufstände auf dem Lande und politische Unruhen in den Städten, aber auch ein wachsender Einfluß faschistischer Gruppierungen kennzeichnen die nächsten 10 Jahre der bolivianischen Politik. 1946 wurde der amtierende Präsident, Oberst Villaroel, von einer Menschenmenge gelyncht und vor dem Präsidentenpalast aufgehängt.

Es waren die Jahre, in denen die nationalrevolutionäre Bewegung (MNR) aus relativ bescheidenen und politisch verworrenen Anfängen zur entscheidenden Kraft der sozialen Umwälzung wurde. Wie die marxistische und prosowjetische Partei der revolutionären Linken (PIR) und die trotzkistische Arbeiterpartei (POR) forderte die MNR die Verstaatlichung der Minen. Im Gegensatz zu diesen Parteien interessierte sich die MNR allerdings wenig für die Indios und stellte sich in der internationalen Politik zunächst offen auf die Seite der faschistischen Staaten.

Mit Victor Paz Estenssoro und Hernan Siles Zuazo befreite sich die Partei Ende der 40er Jahre von ihren faschistischen Anhängern und knüpfte enge Verbindungen an die 1944 gegründete Minenarbeitergewerkschaft (FSTMB) und deren Führer Juan Lechín von der POR. Diese drei Männer sollten für die nächsten vier Jahrzehnte die Politik Boliviens entscheidend mitbestimmen. Die kommunistische PIR, die sich auf eine Zusammenarbeit mit den reaktionären Regierungen dieser Zeit einließ, diskreditierte sich bei der Arbeiterbewegung völlig.

In den Wahlen von 1951 gewann die MNR mit Paz und Siles als Kandidaten 39000 von 55000 abgegebenen Stimmen. Dieser Sieg bedeutete für die Minen- und Großgrundbesitzer eine schlimme Bedrohung, wurde im Regierungsprogramm der MNR doch sowohl die Verstaatlichung des Bergbaus als auch eine Agrarreform gefordert. Die Armee griff ein, die Wahl wurde annulliert, die MNR als „kommunistische Organisation" verboten und Paz Estenssoro ins Exil geschickt.

In dieser Situation entschieden sich die Führer der MNR für den bewaffneten Kampf um die Macht. Am 9. April 1952, nach drei Tagen heftiger Kämpfe (600 Tote), in deren Verlauf die Bergleute nach La Paz marschiert waren, gewann die nationalrevolutionäre Bewegung die Regierungsmacht, die ihr verwehrt worden war, auf revolutionärem Weg zurück.

V. Die „unvollendete Revolution“ (1952–1964)

Die bolivianische Revolution vom Karfreitag 1952, nach der mexikanischen – rund vierzig Jahre vorher – die zweite in Lateinamerika, erschreckte die Hemisphäre erheblich, insbesondere die USA, die sich gerade auf der Höhe des Kalten Krieges befanden. Eine Überraschung war sie angesichts der Lage in dem Andenland nicht. Bolivien war mit 118 US-Dollar durchschnittlichem Pro-Kopf-Einkommen neben Haiti der ärmste Staat des Kontinents: Ein zurückgebliebenes Agrarland, das einen beträchtlichen Teil seiner Nahrungsmittel einführen mußte. Die Eigentumsverhältnisse gehörten zu den ungerechtesten in Südamerika. Einige hundert Riesen-Haziendas teilten sich über die Hälfte des Ackerlandes, wovon aber nur ein verschwindend geringer Teil wirklich genutzt wurde. Die Analphabetenrate lag bei 70%. Im ganzen Land, das zu dieser Zeit rund 2,7 Millionen Einwohner zählte, gab es 700 Ärzte und knapp 4000 Studenten. Selbst der kleine moderne Sektor, die Minen, deren Gewinne allerdings im wesentlichen ins Ausland gingen, hatte an Rentabilität verloren.

Trotz aller Depression der letzten Jahre war jedoch eine selbstbewußte Arbeiterschaft entstanden, unter der die 40000 Mineros als geschlossenste Gruppe hervorragten. Von einer „Arbeiteraristokratie“ zu sprechen, wäre angesichts der Hungerlöhne, die die „großen Drei“ (Zinnbarone) zahlten, verfehlt. Zweifellos aber stellte die Gruppe der Mineros, so klein sie war, eine der politisch einflußreichsten Kräfte der Oppositionsbewegung dar. Mit den „Thesen von Pulacayo“ hatte sie bereits 1946 ein radikales sozialistisches Programm formuliert.

Vor allem unter dem Einfluß der Mineros wurde die nationale Revolution – jedenfalls zu Beginn – auch eine „soziale Revolution“, aus der Sicht der MNR-Führer, die ja fast alle aus der Mittelklasse stammten, bis zu einem gewissen Grad wohl auch zu einer „Revolution wider Willen“. Die erste Phase, die vier Jahre unter der Präsidentschaft von Victor Paz Estenssoro, der aus dem argentinischen Exil zurückgeholt worden war, brachte eine grundsätzliche Umstrukturierung der bolivianischen Gesellschaft. Mit 1952 begann – trotz aller späteren Rückschläge – eine neue Epoche für Bolivien.

Der erste Schritt der neuen Regierung war die Einführung des allgemeinen Wahlrechts für alle Bürger über 21, unabhängig davon, ob sie lesen konnten oder nicht. Zum ersten Mal in der Geschichte des Landes war damit die große Masse der Bevölkerung, d.h. die indianischen Bauern, zumindest formal in das politische Leben miteinbezogen.

Die Minen

In der Frage der Verstaatlichung der Minen ging Paz Estenssoro sehr vorsichtig zu Werk. Er befand sich in einer etwas unkommoden Lage. Der wenige Tage nach der Revolution gegründete Gewerkschaftsdachverband COB (Central Obrera Boliviana) mit Minero-Führer Lechín an der Spitze (er wurde später Minenminister) forderte die sofortige entschädigungslose Enteignung der „großen Drei“ und die Übernahme durch eine staatliche Minengesellschaft sowie „Arbeiterkontrolle“ (control obrero) in der Verwaltung. Auf der anderen Seite betrachteten die Amerikaner solche Pläne mit allergrößtem Argwohn. Es gab viel diplomatisches Hin und Her, sowohl im Lande (in der eigens eingerichteten Kommission zum Studium der Nationalisierungsfrage) wie in Washington. Als am 31. Oktober 1952 in Patiños alter Mine Siglo XX. das Dekret zur Verstaatlichung schließlich unterschrieben wurde – unter dem freudigen Zünden von Hunderten von Dynamitstangen –, war eine Institution geboren, die bei aller Fortschrittlichkeit Bolivien noch viele Probleme aufgeben sollte.

Die Corporación Minera de Bolivia (Comibol) hatte von Anfang an mit äußeren und inneren Schwierigkeiten zu kämpfen. Die alten Minengesellschaften taten alles, um die Arbeit ihrer Nachfolger zu sabotieren. Die meisten der ausländischen, aber auch viele bolivianische Fachleute wurden abgezogen – oft nahmen sie dabei auch gleich die wichtigsten Papiere mit, wie etwa geologische Karten. Die Maschinerie in den Minen war in den letzten Jahren nicht mehr auf dem besten Stand gehalten worden. Der Zinnpreis verfiel in den nächsten Jahren beträchtlich, und die Minen selbst begannen sich zu erschöpfen. Dennoch mußten die schließlich doch – auf Druck der USA – ausgehandelten Entschädigungen von über 22 Millionen Dollar gezahlt werden. Der aufgeblasene bürokratische Apparat der Comibol und ihr Mißmanagement, das auch durch die Arbeiterkontrolle nicht verhindert wurde, brachten ständig Probleme. Im übrigen wurden über lange Zeit aus den staatlichen Minen laufend Gelder für andere Projekte abgezogen. Keine der in den nächsten 30 Jahren folgenden Regierungen – demokratisch oder diktatorisch – sollte es fertigbringen, die Comibol zu einem wirklich erfolgreichen Unternehmen zu machen.

Die Landreform

Die Agrarreform, anerkanntermaßen eine der wichtigsten, aber auch kompliziertesten Maßnahmen jeder Revolution in Lateinamerika, wurde ebenfalls eine mühsame Operation, die zwar grundsätzlich die Weichen in die richtige Richtung stellte, viele Probleme jedoch nicht löste. Ihr historisches Verdienst freilich, die Abschaffung des Hazienda-Systems, bleibt die entscheidende Errungenschaft der Revolution.

Auch bei der Landreform wurde die MNR-Regierung von der Bewegung im Lande geschoben, bis es zu dem Dekret kam. Die Bauern hatten nur zu einem sehr geringen Teil bei der Revolution mitgemacht. Nach den Aprilereignissen kam es jedoch das ganze folgende Jahr über zu Landbesetzungen und Unruhen durch bewaffnete Bauernmilizen. Dabei kam die Klasse der Großgrundbesitzer wiederholt in arge Bedrängnis, einige fielen den Attacken der rebellischen Campesinos zum Opfer. Auf den Haziendas ging die „große Angst" um.

Erst im August 1953 wurde das Dekret zur Agrarreform unterzeichnet, auch dieses im Beisein von zigtausend Betroffenen. In seinen zentralen Artikeln erklärte das Dekret die Campesinos zu den Besitzern des Landes, das sie bisher von den Latifundisten leihweise zur Bearbeitung erhalten hatten. Aber auch ein großer Teil des restlichen Großgrundbesitzes wurde zur Verteilung freigegeben, wobei jene Landarbeiter, die ihn bisher für die Herren bearbeitet hatten, die ersten Anwärter waren. Das Hazienda-Haus und der Teil des Landes, den die „hacendados" selbst bestellt hatten, verblieb, sofern er eine bestimmte Größe nicht überschritt, bei den alten Besitzern. Für das enteignete Land bekamen sie als Entschädigung Schuldverschreibungen der Regierung mit einer Laufzeit von 20 Jahren. Als Grundlage der Berechnung diente der von den Latifundisten vor der Revolution versteuerte Wert des Landes. Die meisten hatten dabei natürlich enorm untertrieben.

Der Prozeß der Landverteilung zog sich über Jahre und Jahrzehnte hin. Bis 1962 wurden rund vier Millionen, bis 1968 rund acht Millionen von den 36 Millionen Hektar kultivierbaren Landes verteilt. Vor allem auf dem Altiplano und in den Tälern veränderten sich die Eigentumsverhältnisse grundlegend. Nicht immer und nicht überall verlief der Übergang glatt. Es kam zu Ungerechtigkeiten, zu Streitereien und – vor allem in der ersten Zeit – auch zu Versorgungsengpässen. Viel hing von den lokalen Gegebenheiten ab. Eine entscheidende Rolle spielte etwa die Stärke der vielen neugegründeten Bauerngewerkschaften, die mit der Abwicklung der Verteilung beauftragt wurden. Den Campesinos (der Begriff „indio" wurde mit der Revolution offiziell abgeschafft) war es freigestellt, in welcher Form sie das Land bewirtschafteten. Die meisten entschieden sich für private Nutzung; weder Genossenschaften noch die alten Ayllus setzten sich durch.

Vieles wurde versäumt: Es gab keine genügende Kapitalausstattung der Campesinos, es fehlte die notwendige technische Hilfe; Erziehung, Aufklärung und Unterstützung bei der

Vermarktung fand kaum statt. Die Agrarreform blieb stecken. Zwar waren die Indianer zum ersten Mal seit Hunderten von Jahren wieder freie Besitzer von Land geworden, doch eine wirklich funktionstüchtige Landwirtschaft ist in Bolivien bis heute nicht entstanden. War früher der ausbeuterische Latifundismus das Problem gewesen, so ist es heute – bedingt auch durch die ständigen Erbteilungen – der Minifundismus. Die geplante Mechanisierung der Landwirtschaft konnte auf dieser Grundlage in den meisten Gebieten nicht stattfinden.

Mit der Agrarreform hatte die MNR die Campesinos auf ihre Seite gebracht. Zwar kam es innerhalb der Bauernbewegung immer wieder zu Auseinandersetzungen über die Regierungspolitik, im großen und ganzen aber hatte die MNR in den zwölf Jahren ihrer Regierungszeit ihren stärksten Rückhalt auf dem Land.

Die Armee

Ein anderer wichtiger Bündnispartner der Regierung wurde die Armee. Nachdem das alte Militär nach der Revolution so gut wie aufgelöst war, hatten die linken Kräfte, allen voran Lechín, darauf gedrängt, die Armee ein für allemal abzuschaffen und durch die Volksmilizen, die die Revolution durchgeführt hatten, zu ersetzen. Victor Paz hatte von Anfang an Bedenken, ganz ohne eine staatliche Armee auskommen zu müssen. Er traute den Milizen – insbesondere denen der Mineros – nicht. Den USA erschienen die Milizen die fleischgewordene rote Gefahr, und sie übten gehörigen Druck auf die Regierung aus, daß sie schleunigst wieder ein reguläres Heer aufbaute.

Langfristig gesehen schaufelte sich Paz mit der Wiederbewaffnung sein eigenes Grab. Doch für die ersten Jahre, als das Militär noch brav unter den Fittichen der Partei stand und im wesentlichen für Aufbau- und Kolonisierungsaufgaben genutzt wurde, bildeten die Soldaten ein solides regierungstreues Reservoir. Daß die Chance vertan wurde, für immer mit der unheilvollen Einmischung des Militärs in die Politik Schluß zu machen, merkte Paz erst während seiner dritten Amtszeit 1964, als sein eigener Vizepräsident und Leiter der MNR-Zellen im Militär, General René Barrientos, gegen ihn putschte. Für fast zwei Dekaden bestimmten dann wieder die Militärs in Bolivien.

Der „große Bruder"

Angesichts des politischen Klimas, das in den USA der 50er Jahre herrschte, mag es erstaunen, daß gerade Bolivien nach der Revolution das von den Nordamerikanern am meisten unterstützte Land Lateinamerikas wurde. Zwischen 1952 und 64 flossen über 300 Millionen Dollar nach La Paz. Mitte der 50er Jahre war die US-Hilfe größer als der gesamte Staatshaushalt der Regierung.

Warum und mit welchen Folgen es zu dieser Hilfe kam, ist in Bolivien bis heute eine vieldiskutierte Frage. Was den einen als besonderes Glück und taktisches Geschick der MNR erscheint, ist für andere der Beginn einer immer größeren Abhängigkeit vom „großen Bruder", die eine echte Revolution und eine eigenständige Entwicklung verhindert hat.

Daß die Amerikaner ihre Hilfe nicht selbstlos gaben, sondern damit politischen Einfluß gewinnen und halten wollten, wurde von ihnen selbst von Anfang an ausgesprochen. Milton Eisenhower, der Bruder des Präsidenten, hatte 1953 die entscheidenden Verbindungen geknüpft. Nachdem er zu der Meinung gekommen war, daß die MNR-Führer (im Gegensatz zu einer weitverbreiteten Meinung in den USA) doch keine Kommunisten waren, empfahl er einen „schnellen und friedlichen sozialen Wandel in diesem Land", um es „vor einer kommunistischen Revolution zu retten".

Die Rettungsaktion zog sich die ganze MNR-Epoche und auch über die nachfolgende Zeit der Militärregierungen hin. US-amerikanische Berater gingen in den wichtigsten Regierungsgremien ein und aus und bestimmten über die wesentlichen wirtschafts- und sozialpolitischen Entscheidungen mit. Daß dabei die Interessen der ausländischen Investoren oft wichtiger waren als der „friedliche soziale Wandel“, lag in der Natur dieser Hilfe, die im übrigen – wie Entwicklungshilfe so oft – zu einem guten Teil Exporthilfe für das Geberland war. Von den zwischen 1952 und 61 gewährten Geldern kamen immerhin 63% in Form von Warenlieferungen aus den USA. Wesentliche Wachstumsimpulse für die bolivianische Wirtschaft gingen von der Hilfe nicht aus. Eher im Gegenteil. Daß beispielsweise die unter dem Namen „Food for Peace“ nach Bolivien gelieferten US-Weizenüberschüsse der Entwicklung der einheimischen Landwirtschaft langfristig geschadet haben, ist offenkundig. Bis heute hat es das Agrarland trotz aller grundsätzlichen Voraussetzungen nicht geschafft, in Getreide Selbstversorger zu werden.

Zwölf Jahre MNR: Die Bewegung zerfällt

Die Spannung zwischen revolutionären Plänen und Versprechungen einerseits und der zunehmenden Abhängigkeit von den USA andererseits wurde zu einem wesentlichen Kennzeichen der 12 Jahre MNR-Regierung. Auf Paz Estenssoro folgte 1956 Siles Zuazo, der das Präsidentenamt in einer Zeit schwerer ökonomischer Krisen übernehmen mußte. Ein von den Amerikanern vorgeschlagener und durchgesetzter Stabilisierungsplan, der (ähnlich wie die heutigen Maßnahmen des Internationalen Weltwährungsfonds in Entwicklungsländern) die Sozialleistungen des Staates drastisch beschnitt, verprellte die Linke und führte zu Streikaktionen der Mineros.

Zwischen den führenden Köpfen der MNR begannen jene Fraktionskämpfe, die im Lauf der Zeit zu einem Auseinanderfallen der gesamten Bewegung führen sollten – und die (mit denselben Leuten!) nach der Zeit der Generale auch in den 80er Jahren wieder das politische Leben in Bolivien bestimmten. In den Auseinandersetzungen um die Präsidentschaftskandidatur für 1960 brach als erster Außenminister Walter

Abb. 4: Als die Helden der Revolution noch jung und einig waren: Lechín, Siles Zuazo und Paz Estenssoro mit Champagner und Ehefrauen Anfang der 60er Jahre (erste Reihe von links). (Photo: J. Germán Rojas)

Guevara Arce, der fest mit seiner Nominierung gerechnet hatte, mit der Partei und gründete seine eigene, die Authentische Revolutions-Partei (PRA). Deren Anhänger lieferten sich mit denen des erneut kandidierenden Paz blutige Gefechte. Die Linke in der MNR wurde in der zweiten Regierung Paz (1960–64) mit dem Posten des Vizepräsidenten für ihren Heros Lechín abgespeist.

Paz, der 1956–60 als Botschafter nach London gegangen war, entwickelte sich in seiner zweiten Amtszeit zu einem entschlossenen Verfechter kapitalistischer Modernisierung. Damit war er genau der rechte Mann für die von John F. Kennedy 1961 in Punta del Este ins Leben gerufene „Allianz für den Fortschritt". Den kubanischen Schock nutzte der neue alte Präsident dabei umsichtig, um von den Amerikanern möglichst viel Unterstützung zu bekommen. Nachdem er eine Weile mit Chruschtschow und dessen Nachfolger Breschnew, die Bolivien Kredite und Unterstützung beim Bau von Schmelzanlagen anboten, kokettiert hatte, entschied er sich 1961 für die Annahme des „Plan Triangular". Diese Dreieckskooperation zwischen den USA, der BRD und der Interamerikanischen Entwicklungsbank war in erster Linie dazu bestimmt, die Comibol zu sanieren. Wie im Stabilisierungsplan war auch hierbei der Kredit (über 37 Mio. Dollar) an eine Reihe von Bedingungen geknüpft, die vor allem die Arbeiterbewegung trafen: Einschränkung des Streikrechtes und der gewerkschaftlichen Mitbestimmung, Lohnsenkungen, Entlassung von Arbeitern, Schließung von Minen, Abbau von Vergünstigungen etc. Der Bruch mit der Linken war programmiert. Lechín wurde als Botschafter nach Rom abgeschoben, viele weitere Arbeiterführer präventiv in Haft genommen. Dennoch kam es zu heftigen Arbeitskämpfen der Mineros.

Die Gewerkschaftsbewegung ging der MNR durch diese Politik Stück für Stück verloren. Als sich Paz dann auch noch um eine dritte Wiederwahl bewarb, war er für die COB endgültig zum „Verräter an den Zielen der Revolution" geworden. Lechín, der im ursprünglich geplanten MNR-Präsidentenkarussell 1964 an der Reihe gewesen wäre (zum höchsten Entsetzen der USA), kehrte aus Rom zurück und gründete ebenfalls eine eigene Partei, die PRIN (Partei der nationalen Linken). Auch Ex-Präsident Siles verließ die MNR.

Der dritten Regierung Paz Estenssoro (im August 1964 gewählt) war unter diesen Umständen kein langes Leben beschieden. Mit General Barrientos hatte sich Paz zwar einen starken und populären Mann ins Kabinett geholt, aber dabei übersehen, daß dieser Vizepräsident durchaus auch mit der wachsenden Anti-Paz-Koalition Verbindungen pflegte. Mit dem Putsch des Generals am 9. November 1964 endeten die 12 Jahre der MNR-Regierung in einem Zustand der völligen Zersplitterung der Bewegung, die 1952 die Revolution durchgeführt hatte.

VI. Die Zeit der Generale (1964–1982)

Barrientos: Der General als „Bauernführer"

Mit Barrientos geriet Bolivien in eine Phase der „weichen Diktatur". Die gesamte Opposition, ob rechts oder links, hatte den Putsch begrüßt und unterstützt, mußte aber bald erkennen, daß der General durchaus seine eigenen Vorstellungen von Staatsführung hatte. Barrientos und sein Kompagnon General Ovando, der als Vize- und zeitweise auch als Interimspräsident agierte, blieben in vielen Fragen dem Programm von Victor Paz treu. Die Wirtschaft wurde dem ausländischen Kapital noch mehr geöffnet, amerikanische Konzerne erhielten großzügige Förderkonzessionen in den Minen. Auch den Plan Triangular führte die neue Regierung weiter, und sie scheute sich nicht, die Streiks der Mineros militärisch zu unterdrükken. Die Führer wurden erneut verhaftet, ins Exil geschickt, einige wurden erschossen. Im September 1965 kam es im Minenzentrum Catavi zu einem Massaker an den Bergleuten, bei dem 200 Menschen starben. Lechín mußte erleben, daß ihn die Militärs genauso abservierten wie seinen Widersacher Paz. Eine besonders pikante (und typisch bolivianische) Note erhielt der Kampf gegen die Gewerkschaftsbewegung dadurch, daß es ein Halbbruder Lechíns war, der als neuer Präsident der Comibol die Maßnahmen gegen die „extremistische Diktatur der Gewerkschaften in den Minen" leitete.

Wenn Barrientos durch die Repression auch viele Sympathien verlor, so gelang es ihm auf der anderen Seite doch, einen beträchtlichen Teil des Volkes hinter seine Caudillo-Politik zu scharen. Parteien waren in beschränktem Maße zugelassen – auch wenn es sich dabei oft nur um etwas obskure „Taxiparteien" handelte – so genannt, weil ihre gesamte Mitgliedschaft in ein Taxi paßte. Mit der von ihm gegründeten

Partei der christlichen Volksbewegung (MPC) gewann Barrientos 1966 gegen die völlig zerstrittene Opposition (und mit Hilfe einer gewissen Repression) die Wahlen und etablierte sich als konstitutioneller Präsident mit Luis Adolfo Siles Salinas (einem Halbbruder von Siles Zuazo) als zivilem Vizepräsidenten.

Entscheidendes Rückgrat der Regierung wurde der „Militär-Bauern-Pakt". Barrientos stammte selbst aus bescheidenen Verhältnissen vom Lande, sprach Quetschua und hatte sich schon früh als Haudegen, waghalsiger Pilot und Weiberheld die für einen volkstümlichen Caudillo notwendigen Eigenschaften erarbeitet. Seine Bindungen zur MNR-Klientel auf dem Lande wob er nun mit dem Militär zusammen, indem er die Streitkräfte zum „natürlichen Bündnispartner der Bauern" erklärte. Nur das Militär könne garantieren, daß Errungenschaften wie die Agrarreform und der Schulunterricht auf dem Lande beibehalten und ausgebaut würden. Als „oberster Bauernführer" pflegte er häufig mit dem Hubschrauber von Dorf zu Dorf zu fliegen, mit den Campesinos zu trinken und zu tanzen und freigebig Fußbälle und Fahrräder zu spendieren. Nachdem er auch noch eine Reihe von Bauernführern ins Parlament geholt hatte und einen Teil des reichlich aus den USA fließenden Geldes in ländliche Projekte steckte, war er für einen Großteil der Campesinos zu „ihrem" Präsidenten geworden.

Die Guerilla des Ché Guevara

Die Popularität von Barrientos auf dem Lande unterschätzt zu haben, war einer der tragischen Fehler, die Ernesto Ché Guevara machte, als er Ende 1966 in Nancahuazú, südlich von Santa Cruz, seine Guerilla begann. Entsprechend der „Fokus"-Theorie, nach der die Revolution über kleine Gruppen vom Lande in die Stadt getragen werden sollte, beabsichtigten Ché Guevara, der französische Intellektuelle Régis Debray und ein kleines Häuflein von rund 50 bolivianischen und kubanischen Revolutionären, im Herzen Südamerikas eine neue

Front gegen den Imperialismus aufzubauen. Die Voraussetzungen für eine Wiederholung der kubanischen Revolution hätten nicht viel schlechter sein können: Die bolivianischen Linksparteien, allen voran die Kommunisten, mit denen Ché Kontakt aufnahm, verhielten sich abwartend bis skeptisch. Die Gegend von Nancahuazú war ein unwegsames Terrain und wenig besiedelt. Die paar Campesinos, die hier lebten, hatten viel Land und wenig revolutionäre Neigungen. Nicht einer schloß sich der Guerilla an, mehrere aber verrieten das Trüpplein an die Polizei. So wurden die Guerilleros schon sehr früh zu andauerndem Umherziehen und zu aufreibenden Scharmützeln gezwungen. Debray geriet bereits im April mit einigen anderen in Gefangenschaft.

Barrientos erklärte für die Gegend den Ausnahmezustand und bot 1500 Soldaten für die Guerillabekämpfung auf. Bald schaltete sich auch die CIA mit ein, unterstützten amerikanische Verhörspezialisten und Green Berets die bolivianischen Ranger. Das Häuflein der Guerilleros wurde eingekreist, schmolz in den Gefechten zusammen und war bald in einem beklagenswerten Zustand. Am 8. Oktober 1967 wurde Ché leicht verletzt gefangengenommen und einen Tag später auf Befehl aus La Paz erschossen.

Auch wenn der Kampf Ché Guevaras in Bolivien wenig Unterstützung fand, hatte er Folgen für das Land: kurzfristige und langfristige. Barrientos verlor an Popularität, der autoritäre Charakter seines Regimes und auch die immer größere Abhängigkeit von den Vereinigten Staaten wurden jeden Tag deutlicher. Als die Mineros von Catavi und Siglo XX. für den 24. Juni 1967 zu einer Gewerkschaftsversammlung aufriefen, auf der neben den Arbeitskampfmaßnahmen auch eine Unterstützung der Guerilla diskutiert werden sollte, marschierte noch in der Nacht vorher Militär in den Minenort ein. Es kam zu einem schrecklichen Blutbad unter den Versammelten, an die 100 Männer, Frauen und Kinder wurden erschossen. Das „Massaker der Johannisnacht" ging als eines der traurigsten Beispiele der Unterdrückung der bolivianischen Bergarbeiter in die Geschichte ein.

Das Begräbnis der Opfer wurde zu einer riesigen Protestversammlung. An den Universitäten begann es ebenfalls zu gären, und selbst innerhalb des Militärs regte sich Widerstand, wurden die Ideen Ché Guevaras diskutiert. Ist es ein Zufall, daß gerade von den Offizieren, die an den Massakern und an dem Kampf gegen die Guerilla teilgenommen hatten, später viele zur linken Militärfraktion stießen?

Barrientos stürzte am 27.4. 1969 mit seinem Hubschrauber ab. Die Umstände des Unglücks sind nie ganz geklärt worden und waren immer wieder Anlaß zu Spekulationen. Unter seinen Nachfolgern, zunächst Siles Salinas und dann General Ovando, der Siles im September durch einen unblutigen Putsch verdrängte, kam es zu einer „Öffnung" der Politik. Der kurzlebige Linksrutsch fand während des Regimes von General Torres, der Ovando im Oktober wegputschte, seinen Höhepunkt und ein Jahr später sein Ende.

Schon unter Siles Salinas und Ovando wurden die Parteien wieder zugelassen, hörte die Unterdrückung der Arbeiterbewegung auf, gelangten junge radikale Intellektuelle ins Kabinett. Inspiriert von der peruanischen „Revolution von oben", die General Velasco Alvarado seit 1968 in dem Nachbarland verfolgte, mühte sich auch Ovando, einen deutlich anti-imperialistischen, nationalen „dritten Weg" zu gehen. Klarster Ausdruck hierfür war die Verstaatlichung der amerikanischen Gulf Oil Company durch den jungen Erdölminister Marcelo Quiroga Santa Cruz, der später die sozialistische Partei gründete. Der amerikanischen Regierung gelang es allerdings später (im Verein mit Boykottmaßnahmen der Ölmultis), eine satte Entschädigung für die Gulf herauszuschlagen.

Doch auch mit solchem frischen Wind vermochte Ovando nicht, die vielen widerstrebenden Interessen und Fraktionen im Lande unter einen Hut zu bringen. Sein Regime schlingerte dahin. Attentate ultrarechter Gruppen wechselten mit einer Neuauflage der Guerilla. Diese, von einer neuer Gruppe in Teoponte im Norden von La Paz begonnen, scheiterte allerdings noch kläglicher als die Ché Guevaras.

Auch innerhalb des Militärs wetzten Linke wie Rechte die Messer. Der erneute Putsch Anfang Oktober 1970 drückte in seinem Ablauf das übliche bolivianische Putsch-Chaos klassisch aus. Innerhalb eines hektischen Tages wurde Bolivien dabei von nicht weniger als sechs Präsidenten „regiert“. Nachdem sich der Pulverdampf verzogen hatte, blieb als Resultat des ursprünglich von den rechten Militärs eingeleiteten Putsches der linkeste aller Generäle Sieger: Juan José Torres.

Der Sieg von Torres, der 1967 einer der leitenden Offiziere des Anti-Guerillakampfes gewesen war, wurde von der gesamten Linken begrüßt. Der Cholo aus Cochabamba wurde in seiner kurzen Regierungszeit zu einem der volkstümlichsten Präsidenten und zu einer Symbolfigur revolutionärer Hoffnungen. (Er wurde 1976 im Exil ermordet.)

In den 10 Monaten unter Torres erlebte Bolivien eine revolutionär-chaotische Phase, einen „kurzen Sommer der Anarchie“, in dem die Hoffnungen auf der einen Seite die Angst auf der anderen schürten. Die anti-imperialistische Politik der Vorgänger radikalisierte sich: Ein weiteres ausländisches Unternehmen, die US-amerikanische Mine Matilde, wurde verstaatlicht, das Peace Corps des Landes verwiesen. Institutionen und Installationen der USA bekamen die Feindschaft im Lande zu spüren. Torres erhöhte – auf Drängen der COB – die Löhne der Mineros und senkte die der Beamten der Comibol. Régis Debray wurde (zum großen Ärger der rechten Militärs) aus dem Gefängnis entlassen.

Im Mai 1971, nach der größten 1.-Mai-Feier, die Bolivien je erlebt hatte, beschloß eine Volksversammlung (Asamblea Popular) als „Organ der Volksmacht“ die Einrichtung einer Art Rätekongreß. Mit Lechín als gewähltem Präsidenten, 60% Gewerkschaftlern (unter denen sich auch viele MNR-Aktivisten befanden), 30% Mittelklasse- und Bauerndelegierten sowie 10% Vertretern von Parteien begann diese Asamblea am 22. Juni im Parlamentsgebäude zu tagen. Zehn Tage lang diskutierten die Delegierten die revolutionären und sozialistischen Perspektiven Boliviens, forderten Verstaatlichung und Arbeiterkontrolle, stritten, bildeten Kommissionen und verabschiedeten Resolutionen. Die permanente Gefahr eines Rechtsputsches führte zu der einmütig angenommenen Erklärung, daß die Versammlung in diesem Falle den Widerstand organisieren und leiten werde. Von Torres wurde die Bewaffnung des Volkes verlangt.

Der Präsident, sonst der Versammlung gegenüber durchaus positiv eingestellt, ging auf diese Forderung nicht ein, obwohl eine Reihe von Indizien auf die Gefahr eines Gegenputsches hindeutete. Bereits Anfang Januar hatte es einen Versuch dazu unter Führung von Oberst Banzer gegeben. Torres aber baute auf die Loyalität der Militärs, die er an seiner Regierung großzügig beteiligt hatte.

Als sich die Asamblea Popular auf September vertagte (in der Zwischenzeit wurden in der Provinz lokale Volksversammlungen durchgeführt), nutzte die von dieser Bewegung zutiefst erschreckte Rechte die unklare Situation. Mit politischer Beteiligung der MNR und der rechten falangistischen Partei FSB, der militärischen Hilfe der brasilianischen Armee und der finanziellen Unterstützung der in- und ausländischen business-community gelang es Banzer im zweiten Anlauf, seinen Coup erfolgreich durchzuführen. Torres weigerte sich bis zum letzten Tag, Waffen an die Verteidiger seines Regimes zu verteilen. Deren Einschätzung der Lage erwies sich als nur zu richtig. Nach einigen Tagen heftiger, aber aussichtsloser Kämpfe erlitt die bolivianische Volks- und Arbeiterbewegung Ende August 1971 eine ihrer bittersten und blutigsten Niederlagen. Mit dem Beginn des „Banzerato" wurden die revolutionären Hoffnungen in Bolivien begraben.

Das „Banzerato"

Oberst Hugo Banzer (er wurde sehr schnell General) regierte Bolivien sieben Jahre lang als Diktator. Anfangs hatte er, neben dem Militär, die Unterstützung der Nationalistischen Volksunion (FPN), jener etwas merkwürdigen Allianz ehemaliger Todfeinde, der Paz-MNR und der Falange. Als es Ende 1973 zu Differenzen zwischen den zivilen Ministern der FPN und dem Präsidenten kam, wurde Victor Paz wieder einmal ins Exil geschickt. Mit dem sogenannten „auto-golpe", d.h. einem Putsch gegen seine eigene Regierung, installierte sich Banzer 1974 als alleiniger Herrscher und regierte fortan nur noch mit Militärs und einigen parteiunabhängigen Technokraten.

Unter der Losung „Ordnung, Friede, Arbeit" wurden die Jahre der Banzer-Diktatur zu einer Phase der Unterdrückung jeder Opposition. Die Gewerkschaften wurden ebenso verboten wie alle Parteien des linken Spektrums. Es kam immer wieder zu Verhaftungen, Erschießungen und Folterungen von Gegnern des Systems. Eine politische Polizei, das „Department für politische Ordnung" (DOP), sorgte dafür, daß Ruhe im Land herrschte. (Vieles deutet darauf hin, daß sich diese gefürchtete Einheit von alten Nazi-„Fachleuten", wie z.B. dem ehemaligen SS-Mann und „Schlächter von Lyon" Klaus Barbie, alias Altmann, der seit 1951 in Bolivien lebte, beraten ließ.)

Die Presse unterlag einer strikten Zensur. 68 Journalisten wurden während des Banzerato ins Exil geschickt, 32 verhaftet. Bei 20 Radiosendern kam es zu einer Intervention des Staates, eine Reihe von ihnen wurde geschlossen. Die Gesamtzahl der Opfer der Repression ist – wie immer in solchen Fällen – umstritten. In den Dokumenten verschiedener nationaler und internationaler Menschenrechtsorganisationen wird die Zahl der Ermordeten auf mindestens 200 geschätzt, die der Verhaftungen aus politischen Gründen auf rund 15000. In den seltensten Fällen kam es dabei zu einem ordentlichen Gerichtsverfahren. Über die Behandlung der Verhafteten und die Folterungen dabei liegen einzelne Berichte und Beschreibungen vor, wie etwa die von Domitila Chungara in ihrem (auch in Deutschland erschienenen) Buch „Wenn man mir erlaubt zu sprechen". Fast eine Ironie des Schicksals ist es, daß das bestdokumentierte Beispiel der Zustände in den bolivianischen Gefängnissen dieser Zeit der Fall des ersten Innenministers von Banzer, Andrés Selich, ist. Selich, der während seiner Amtszeit selbst für eine Reihe von politischen Morden verantwortlich war, fiel später in Ungnade und wurde im Mai 1973 verhaftet und dann buchstäblich totgeschlagen – von denselben Offizieren, die früher für ihn gearbeitet hatten.

Auch Banzer kam nicht ohne ein Massaker aus: Ende Januar 1974 ließ er im Tal von Cochabamba Bauern, die aus Protest gegen die Preiserhöhungen der Lebensmittel die Straße nach Santa Cruz blockierten, durch Militär zusammenschießen. Es gab mehr als 100 Tote. Der Militär-Bauern-Pakt, auch von Banzer noch propagiert, fand so ein blutiges Ende.

Mit seinem Regime lag Banzer ganz im südamerikanischen Trend der 70er Jahre: Von Chile über Argentinien, Uruguay, Brasilien und Paraguay bis Peru (dort jedoch eher linksorientiert) herrschten Militärdiktaturen. Daß Banzer trotz der Repression (die mit den fürchterlichen Zuständen in Argentinien allerdings dann doch nicht gleichzusetzen ist) bis heute Popularität in Bolivien besitzt, hat in erster Linie mit dem wirtschaftlichen Boom zu tun, der besonders die ersten Jahre seines Regimes in rosigem Licht erscheinen ließ. Zwar profitierte nur ein kleiner Teil der Bevölkerung von diesem Boom, doch die Struktur der bolivianischen Gesellschaft veränderte sich. Banzer setzte von Anfang an – auch damit lag er im Trend der Dekade – auf Wachstum und Modernisierung, wobei er besonders die exportorientierte Wirtschaft im Auge hatte. Seine harte Hand im Inneren wie auch seine Bemühungen, ausländischem Kapital möglichst wenig Schwierigkeiten in den Weg zu legen, machten Bolivien auf den internationalen Finanzmärkten „vertrauenswürdig". Die Kredite flossen wieder.

Einige Jahre lang begünstigten auch die Rohstoffpreise auf dem Weltmarkt die Wirtschaft Boliviens. Kaffee, Zucker und Baumwolle erzielten Mitte der 70er Jahre beachtliche Preise. Zinn stieg von 1,6 Dollar pro Pfund auf 6, das Barrel Erdöl von 2,9 auf 16 Dollar. Die jährliche Wachstumsrate der bolivianischen Wirtschaft kletterte auf 5 bis 7%. Eine der ersten

Folgen dieser Entwicklung war eine Veränderung der geographischen Machtverhältnisse im Lande. Santa Cruz wurde zur Boom-City des Agrobusiness und zur zweitgrößten Stadt Boliviens. Von dort stammte der General, dort hatte er seine Hausmacht und dorthin lenkte er einen Großteil der Kredite. Eine Reihe cruzenischer Familien verdiente prächtig, nicht zuletzt Banzer selbst, der in seiner Heimat beträchtliche Ländereien erwarb. Als gegen Ende des Jahrzehnts die Preise wieder fielen, hatte das „Wirtschaftswunder" des Generals zwar einen Haufen Schulden hinterlassen, aber eine neue Oligarchie, die des Oriente, hervorgebracht.

Doch auch in den anderen städtischen Zentren hinterließ der Boom seine Spuren. In La Paz schossen die Wolkenkratzer aus dem Boden, Bauindustrie und Handel blühten auf. Eine Reihe von kleinen Unternehmern und Händlern konnte in dieser Phase Gewinne machen. Erstmals in der bolivianischen Geschichte konstituierte sich eine zahlenmäßig ins Gewicht fallende Mittelschicht.

Zu dieser Mittelschicht stieß die wachsende Gruppe höherer Staatsangestellter, die die Jahre des Booms zu nutzen wußte. Die Gewinne der Staatsbetriebe, wie etwa der Comibol und der Erdölgesellschaft YPFB, kamen allerdings keineswegs allen dort Beschäftigten zugute. Kennzeichnend war vielmehr eine Aufblähung des staatlich-bürokratischen Apparates, der sich weniger um produktive Investitionen als um das eigene Einkommen kümmerte. Als wichtigste Klientel für die Machterhaltung profitierte schließlich das Militär vom Banzerato. Staatliche Gelder flossen in die Streitkräfte wie nie zuvor. Sowohl für die Institutionen wie für die einzelnen Offiziere wurden die Boom-Jahre Banzers zur goldenen Zeit. Die politische Macht brachte auch wirtschaftlichen Gewinn: Nicht wenige Militärs wurden in dieser Zeit zu reichen Männern, und das Aufblühen des Kokaingeschäftes bot gewinnbringende Anlagemöglichkeiten.

Der wirtschaftliche Aufschwung des Banzerato dauerte nur wenige Jahre. Das Wachstum blieb auf wenige Sektoren beschränkt und brachte keinen strukturellen Wandel, keine Entwicklung, von der alle profitierten. Auf den Boom folgte die Krise, und die Rechnung wurde präsentiert: Zwischen 1971 und 1978 waren die Auslandsschulden von knapp 800 Millionen Dollar auf knapp 3 Milliarden gestiegen. 1976 erklärte Banzer, er werde in jedem Falle bis 1980 regieren. Doch sein Regime geriet trotz aller ihm zur Verfügung stehenden Macht derart unter Druck, daß es bereits 1978 ruhmlos abtreten mußte. Dabei waren es vor allem politische Gründe, die zum Sturz Banzers führten. Eine großartig propagierte Annäherung von Pinochets Chile, 1975 mit einer Umarmung der beiden Diktatoren in Charaña begonnen, sollte Bolivien wieder ein Stück Küste zurückbringen. Die so geweckten Erwartungen wurden bitter enttäuscht. Auch mit Umarmungen war Chile kein Land abzuringen. Banzers Ansehen als nationaler Führer war angeschlagen – auch bei den eigenen Anhängern. Der Plan, 30000 weiße rhodesische Familien aus dem unabhängig gewordenen Simbabwe im Oriente anzusiedeln, stieß auf wenig Beifall. Einer breiten Mehrheit im Lande erschien dies nichts anderes als ein Import von Rassismus. Schließlich rückten auch die USA mit Jimmy Carters Menschenrechtspolitik von Banzer ab und drängten auf Veränderung.

Als im Dezember 1977 einige Minero-Frauen mehrere Kirchen besetzten und mit einem Hungerstreik eine allgemeine Amnestie für politische Gefangene und Exilierte forderten, weitete sich diese Aktion binnen kurzem zu einer landesweiten Bewegung aus. Anfang Januar befanden sich 1000 Menschen im Hungerstreik. Nachdem sich auch die Kirche für die Forderungen der Streikenden einsetzte, begann das Regime endgültig zu wackeln. Banzer mußte die Amnestie erklären. Gewerkschaften und Parteien durften sich wieder betätigen. Die für Juni 1978 angekündigten Wahlen schienen die demokratische „Öffnung“ in greifbare Nähe zu rücken. Banzer wagte es nicht einmal mehr, selbst zu kandidieren, und bestimmte seinen Innenminister, den Luftwaffengeneral Pereda, zum „offiziellen“ Kandidaten der „Kontinuität“.

Bolivien nach dem Banzerato: Da konnte von vielem die Rede sein, aber gewiß nicht von Kontinuität. Sowenig es dem General gelang, eine Fortsetzung seiner Politik mit einem demokratisch legitimierten Strohmann durchzusetzen, sowenig gelang zunächst eine Rückkehr zu dauerhaften demokratischen Verhältnissen. Bolivien erlebte in den nächsten Jahren ein Wechselbad von Wahlen, Putschen, Provisorien und Diktaturen. Vielleicht war diese Phase des Chaos die in die Länge gezogenen Geburtswehen eines neuen demokratischen Weges. Heute – 1992, nach immerhin zehn Jahren Demokratie am Stück – kann man zumindest auf der politischen Ebene von einer gewissen Kontinuität sprechen. In den ökonomischen und sozialen Fragen allerdings sind die unruhigen Zeiten wohl noch lange nicht vorbei, ein Faktum, das auch die politische Stabilität grundsätzlich immer wieder in Frage stellen kann.

Die Wahlen im Juli 1978 brachten ein Neuarrangement der Parteienlandschaft, das in großen Zügen bis heute geblieben ist. Entscheidend waren dabei noch immer die alten Führer der MNR, deren Feindschaften und Allianzen wieder das Spektrum bestimmten. Einige neue, während und mit der Diktatur entstandene Gruppierungen förderten die Bildung von Blöcken, die sich dann freilich, entsprechend der personalistischen Struktur der bolivianischen Politik, als Arrangement von Haupt- und Nebencaudillos präsentierten. In der Juli-Wahl 1978 war das neben Banzers nationalistischer Union des Volkes (UNP) einmal die demokratische Volksunion (UDP), die von Siles Zuazos linker MNR angeführt wurde. Ihr schlossen sich die Kommunisten, die MIR (Bewegung der revolutionären Linken) sowie eine Reihe weiterer linker Parteien an. Daneben kandidierten die demokratische Allianz mit Paz Estenssoros historischer MNR und Guevara Arces PRA sowie schließlich die revolutionäre Front der Linken, in der Lechíns PRIN den Ton angab. Als neue und eigenständige Gruppe kandidierte die Sozialistische Partei von Quiroga Santa Cruz.

Die Wahl endete mit einem Sieg Peredas. Der Wahlbetrug dabei war allerdings so offensichtlich, daß Pereda selbst ihn zugeben mußte. Da Banzer inzwischen von ihm abgerückt war, blieb dem Kandidaten nur noch der Putsch, um doch noch Präsident zu werden. Im August vertrieb er Banzer mit Hilfe einiger Einheiten und seiner Luftwaffe aus dem Palacio Quemado, dem Regierungspalast.

Peredas Ankündigung, Neuwahlen erst für 1980 auszuschreiben, befriedigte weder die Parteien noch die Militärs. Bereits im November 1978 wurde der Luftwaffengeneral seinerseits vertrieben. Eine Junta unter Armeegeneral Padilla versprach Neuwahlen für Juli 1979.

Neu in diesen Wahlen war das Auftreten der inzwischen von Banzer gegründeten nationalistischen demokratischen Aktion (ADN), mit der sich der Ex-Diktator nun demokratische Weihen holen wollte. Siles Zuazo hatte den Führer der MIR, Jaime Paz Zamora, zu seinem Vizepräsidentschaftskandidaten gemacht und versammelte nicht weniger als 11 Parteien in seinem UDP-Bündnis, darunter auch Lechíns PRIN. Victor Paz brachte es in seiner Allianz immerhin auf sechs, mit so unterschiedlichen Strömungen wie den Maoisten und den Christdemokraten. Die Wahlen verliefen fair und brachten ein Patt zwischen Siles und Paz. Da eine Koalition mit Banzer, dem abgeschlagenen Dritten, nicht in Frage kam, wurde Senatspräsident Walter Guevara Arce, der dritte alte MNR-Mann, zum Interimspräsidenten bestimmt, und erneute Wahlen für 1980 wurden ausgeschrieben.

Während Guevara ein „apolitisches" Übergangskabinett berief, schlugen im Kongreß nach den langen Jahren der Diktatur die politischen Wellen hoch. Die Anklagen, die vor allem Marcelo Quiroga von den Sozialisten gegen Banzer und die Helfershelfer des Banzerato erhob, beunruhigten viele Militärs.

Am 1. November 1979 versuchte Oberst Natusch Busch, ein Neffe des „Märtyrer-Präsidenten" Germán Busch, mit einem Putsch an dessen militärpopulistisches Konzept anzuknüpfen. Das Unternehmen geriet zur blutigen Bauchlandung. Natuschs Allianzangebote an die COB, das Parlament und einzelne Politiker konnten nicht verhindern, daß sich sehr schnell entschlossener Widerstand gegen seinen taktisch wie politisch völlig unausgegorenen Coup formierte. Ein Generalstreik und erbitterte Kämpfe, die mehr Tote forderten als die gesamte Banzer-Diktatur, zeigten dem Obersten – und all jenen, die mit dem Gedanken spielten, ihn zu unterstützen –, was das Volk von diesem Populismus hielt. Auch international blieben die Putschisten isoliert. Nach zwei Wochen trat Natusch Busch ab.

Zur neuen Interimspräsidentin bestimmte der Kongreß Lidia Gueiler, die in ihrer bewegten Vergangenheit Verbindungen mit nahezu allen Parteien von der MNR bis zu den Trotzkisten gehabt hatte. Das erste weibliche Staatsoberhaupt Boliviens übernahm keine leichte Aufgabe. Die Situation vor den dritten Wahlen innerhalb von zwei Jahren glich einem Tanz auf dem Vulkan. Die Auslandsschulden waren auf 3,5 Milliarden Dollar gewachsen, die Produktion sank, der Internationale Währungsfonds stellte härteste Bedingungen für neue Kredite und verlangte eine Abwertung des Peso. Die damit verbundenen Preiserhöhungen machten vor allem die Bauern rebellisch, die sich inzwischen zu einer einheitlichen Bewegung, der CSUTCB, zusammengeschlossen hatten. Die Putschgefahr war keineswegs beseitigt. Anschläge und Attentate auf Mitglieder linker Parteien und Zeitungen bewiesen, wie sehr es im rechten Lager rumorte. Am 12. März wurde die verstümmelte Leiche des Herausgebers der linksunabhängigen Zeitschrift „Aquí", Luis Espinal, gefunden. Jaime Paz Zamora überlebte nur knapp und mit schweren Verbrennungen einen Flugzeugabsturz, dem mehrere andere UDP-Führer zum Opfer fielen und bei dem offensichtlich Sabotage im Spiel war.

Die Wahlen, die in dieser gespannten Lage durchgeführt wurden, brachten diesmal einen deutlicheren Vorsprung für Siles. Weder Paz noch Banzer machten der UDP den Sieg streitig. Am 6. August 1980, dem Unabhängigkeitstag, sollte Siles vereidigt werden.

Koka-Faschismus: García Meza

Die Hoffnungen der Bolivianer, endlich wieder eine gewählte Regierung zu haben, wurden am 17. Juli im Blut erstickt. Mit dem Armeegeneral Luis García Meza, den Lidia Gueiler drei Monate zuvor trotz großer Bedenken selbst ernannt hatte, putschte sich der kriminellste aller Diktatoren der bolivianischen Geschichte an die Macht. Daß die Präsidentin seine Cousine war, hinderte García Meza ebensowenig wie die Tatsache, daß sich auch die Vereinigten Staaten über ihren Botschafter deutlich gegen jede Putschabsicht ausgesprochen hatten. García Meza und sein Bluthund Arce Gómez, der zum Innenminister ernannt wurde, setzten bei ihrem Coup auf eine auch in Bolivien noch nicht erlebte Brutalität, bei deren Ausübung sie sich sowohl von argentinischen „Beratern" wie auch von einer Reihe alter und junger Nazis unterstützen und unterweisen ließen.

Bolivien wurde zu einem Land der systematisch angewandten Folter. Schon der Putsch selbst, der mit einer Reihe politischer Morde begann, bewies die Kaltblütigkeit des neuen Regimes. Zu einem der vielen Opfer gehörte Marcelo Quiroga Santa Cruz, der im Gebäude der COB bei seiner Festnahme gezielt erschossen wurde.

Nur wenigen politischen Führern (Siles Zuazo war einer von ihnen) gelang es, in den Untergrund oder ins Ausland zu gehen. Die meisten wurden schon in den ersten Stunden des gut vorbereiteten Putsches verhaftet. Der Widerstand gegen die paramilitärischen Sondereinheiten, die Arce aufgeboten hatte, brach so sehr bald zusammen. Mit Massakern, Morden und Folterungen in den Minenzentren beteiligten sich auch reguläre Armee-Einheiten an dem Terror. Wie García Meza und Arce mit der Gewerkschaftsbewegung umzuspringen gedachten, demonstrierten sie, als sie im September das Gebäude der COB in La Paz kurzerhand demolieren ließen.

Nicht nur mit seiner außerordentlichen Brutalität brachte das García Meza-Regime das Land auf den absoluten Tiefpunkt seiner politischen Kultur. Mit ihren offensichtlichen Verbindungen zur Kokain-Mafia bereicherten die neuen starken Männer die lateinamerikanische Staatstheorie alsbald um den Begriff des „Koka-Faschismus". Selbst das US-State Department sah sich zu der Äußerung veranlaßt, hier habe „die Mafia sich zum ersten Male eine Regierung gekauft".

Der Einfluß, den García Meza auch nach seinem Abtritt genoß, beruhte in erster Linie auf den während seiner Amtszeit angehäuften Reichtümern. (Die sind wohl auch für die offensichtliche Gelassenheit verantwortlich, mit der sich der Ex-Diktator dem inzwischen gegen ihn angestrengten Gerichtsverfahren in Sucre stellt. Eine Verurteilung ist bisher nicht abzusehen, dem Ex-General unliebsame Richter sahen sich allerdings schon mehrmals mit Anschlägen und Einschüchterungsversuchen konfrontiert.)

Auch wenn sich die Korruption keineswegs auf das Geschäft mit den Kokablättern beschränkte, so wurde die (aus den Blättern gewonnene) Kokainpaste unter García Meza zum wichtigsten Exportartikel Boliviens. Mit einem Wert von mehreren Milliarden Dollar übertraf die Paste 1981 bei weitem alle legalen Exporte. Nach dem Silber und dem Zinn schien sich ein neuer ökonomischer Zyklus anzukündigen, von dem – wie auch bei den vorhergehenden – wiederum nur eine verschwindend kleine, kriminelle Minderheit profitierte.

Anfang 1981 geriet das Regime mehr und mehr in Bedrängnis. Die Korruptionsskandale häuften sich, die ökonomische Krise wurde immer größer und die Nacht- und Nebelaktionen von Arces Mörderbanden erschreckten auch das bürgerliche Land zunehmend. Als im Januar bei einem Überfall auf ein Treffen der MIR mehrere der wichtigsten Führer dieser Partei gefangengenommen, gefoltert und dann noch am Ort erschossen wurden, kam es zu lautstarken Protesten aus allen Lagern. García Meza entließ Arce und machte ihn zum Direktor der Militärakademie, was jedoch zu einer Rebellion der dort studierenden Kadetten führte: Auch innerhalb des Militärs wollte man mit den Schlächtern an der Spitze des Staates nichts mehr zu tun haben. Anfang August wurde García Meza von der Armee zum Rücktritt gezwungen. Die Macht übernahm eine Junta, aus der nach längeren Streitereien schließlich Armeegeneral Torrelio als Präsident hervorging – zur großen Befriedigung von García Meza und seinem reichgewordenen Clan, die von Torrelio wenig zu befürchten hatten.

Der Zerfall der Militärdiktatur war allerdings nicht mehr aufzuhalten. Das Land war nach dem Horror-Jahr unter García Meza so gut wie bankrott, die Inflationsspirale begann sich immer schneller zu drehen. Die Proteste der Arbeiterbewegung, Streiks und Demonstrationen wurden stärker und häufiger. Eine breite Front von der Falange bis zu den Sozialisten verlangte die Wiederherstellung der Demokratie und die Einsetzung der 1980 gewählten UDP-Regierung. Am 5. Oktober 1982 übergab General Vildoso, der Torrelio im Juli abgelöst hatte, die Macht dem Kongreß, der umgehend und mit großer Mehrheit Siles Zuazo zum Präsidenten und Paz Zamora zu dessen Vize wählte. Derselbe Mann, der dreißig Jahre zuvor die MNR-Revolution ausgerufen hatte, konnte sich am 10. Oktober 1982 nach 18 Jahren fast ununterbrochener Militärdiktatur als demokratisch gewählter Präsident feiern lassen.

VII. Neuer Wind mit alten Helden? (1982–1987)

Mit der UDP-Regierung hatte zwar die Demokratie endlich wieder einmal gesiegt, doch das von den Militärs hinterlassene Wirtschaftschaos zu lösen, ging weit über die Kräfte des ohnehin wackeligen Linksbündnisses. Die Staatskassen waren leer, die Auslandsschulden näherten sich der 4-Milliarden-Dollar-Grenze, die Produktion war laufend gesunken, das einzige, was wirklich funktionierte im Lande, war die „Parallelökonomie" des Drogenbusiness. Dieses Geschäft blieb weiterhin ein wichtiger Machtfaktor, auch nachdem sich García Meza und Arce nach Argentinien abgesetzt hatten.

Doch Siles scheiterte auch am baldigen Auseinanderbrechen des innenpolitischen Konsenses. Die Wirtschaftsmaßnahmen der Regierung konnten niemand befriedigen, das Chaos vergrößerte sich laufend. Schon die ersten Maßnahmen stießen auf Widerstand. Die „De-Dollarisierung", d.h. die Devisenbewirtschaftung (Verbot aller Dollargeschäfte und Einführung eines festen Wechselkurses), war zwar gut gemeint, führte aber binnen kurzem zu einem Dollar-Schwarzmarkt, der die Inflation anheizte. Die Autorität der Regierung war einfach nicht groß genug, um den Schwarzmarkt zu unterbinden. Im Gegenteil: Bald mußte sie ihm selber nachlaufen. Die gesetzlichen Lohnerhöhungen trabten dabei der galoppierenden Inflation abgeschlagen hinterher. Siles verlor auf diese Weise sehr bald die Unterstützung der Gewerkschaften, da halfen ihm auch die zwei kommunistischen Minister im Kabinett nichts. Anfang '83 traten die sechs MIR-Minister zurück. Jaime Paz Zamora blieb jedoch weiter Vize, gewissermaßen als Oppositionspräsident. Ein Ministerkarussell begann, das bis zum Ende der Siles-Regierung nicht weniger als 81 Minister verbrauchte.

Die Politik der Linken einschließlich der COB hatte dem

Schlingerkurs von Siles keine wirklich kohärente Alternative entgegenzusetzen. Zwar wurde gestreikt wie nie zuvor (bis Oktober 1984 gab es 442 Ausstände), doch das war eher der Ausdruck von Elend und Enttäuschung angesichts eines immer hoffnungsloser werdenden Wirtschaftslebens. Der Schlingerkurs wurde damit nur noch wilder. Innerhalb der Linken herrschten keine einheitlichen Vorstellungen. In der COB entwickelte sich ein regierungsbejahender („oficialistas") und ein regierungsablehnender Flügel („antioficialistas"). Die Gewerkschaftsforderung nach „cogestión" (einer Arbeitermitverwaltung in den Betrieben) und nach „co-gobierno" (der direkten Mitregierung der Arbeiterbewegung) führte zu Differenzen mit verschiedenen linken Parteien, die durch solche Pläne ihre Position gefährdet sahen oder „Verrat am Klassenstandpunkt" witterten.

Die Macht- und Positionskämpfe innerhalb der Linken können sicherlich auch als Ausdruck des Ringens um demokratische Formen gewertet werden, die (in der Tradition der Volksrevolution von 1952) über eine bloße parlamentarische Repräsentation hinausgehen sollten. Demokratie – wenn sie schon mal herrscht – wird in der jüngeren bolivianischen Geschichte immer auch als revolutionärer Prozeß gesehen. Für die wackelige Siles-Regierung bedeutete dieses politische Chaos, das zu dem ökonomischen trat und es verschärfte, allerdings den Verlust fast jeder Autorität. Von allen Seiten drang man auf ihn ein. Auch im bürgerlichen Lager gab es pressure-groups, auch da verließ man sich nicht auf die Parteien. Überall im Lande hatten sich – bereits unter der Diktatur – „comités civicos" gebildet, Miniparlamente, die regionale Interessen vertraten. Darin waren im wesentlichen die Ober- und Mittelschichten vertreten. Die Forderungen, die gelegentlich mit Boykottmaßnahmen unterstrichen wurden, betrafen manchmal aber auch die Interessen der gesamten Bevölkerung des betreffenden Gebietes.

Auf den außerparlamentarischen Druck wußte der Präsident nur mit Taktik und Hinhaltemanövern zu reagieren. Eine Antwort auf die Krise hatte er nicht. Bolivien schlingerte ins ökonomische Koma. Die Inflationsrate stieg 1985 auf 14000% und machte die Einfuhr von Banknoten zu einem der wichtigsten Importzweige des Landes. Ein Generalstreik der COB im März 1985, in dessen Verlauf 10000 Mineros La Paz besetzten, endete mit einem Kompromiß, der zumindest eine Anpassung der Löhne an die Inflation vorsah. Der von einigen Gruppen geplante Sturz der Regierung Siles scheiterte. Doch ihre Tage waren gezählt. Für den 14. Juli 1985 – der endgültige Termin wurde erst wenige Tage davor bestimmt – wurden Wahlen angesetzt. Profitieren konnte angesichts der erwiesenen Unfähigkeit der Regierung und der vertanen Chancen der Linken nur die Rechte.

Mit 32,8% der Stimmen wurde Hugo Banzers ADN zur stärksten Partei, dicht gefolgt von Paz Estenssoros MNR, die 30,4% bekam. Hatte Banzer vor allem in den Städten gewonnen, so verdankte Victor Paz seinen Erfolg im wesentlichen den Stimmen der ländlichen Bevölkerung. Sein Nimbus als Mann der Agrarreform war immer noch wirksam. Eindeutiger Verlierer war – wie vorausgesehen – die Linke. Einzig die MIR von Paz Zamora hatte sich mit rund 10% der Stimmen behauptet. Die Partei von Siles Zuazo, die MNRI, bekam mit 5,5% die Quittung für das Versagen der UDP. Auch die radikaleren Parteien der Linken erlitten Verluste und brachten es insgesamt auf nur cirka 7% der Stimmen. Die Wahl war eine eindeutige Absage an die Allianzen und Verzettelungen der politischen Kräfte, mit denen man in der UDP-Zeit so schlechte Erfahrungen gemacht hatte.

Da keiner der Kandidaten die absolute Mehrheit errungen hatte, mußte der Präsident vom Kongreß (27 Senatoren und 130 Abgeordnete) gewählt werden. Da es den Linken in dieser Situation vor allem darauf ankam, Banzer zu verhindern, wurde Victor Paz Estenssoro am 4. August 1985 im zweiten Wahlgang mit 94 Stimmen (gegenüber den 51 ADN-Stimmen für Banzer und bei 8 ungültigen) zum vierten Mal Präsident Boliviens. Erstmals in der Geschichte des Landes übergab ein demokratisch gewählter Präsident die Macht an einen ebenfalls demokratisch gewählten Kandidaten der Opposition.

Alle Welt wußte, daß sich Victor Paz, der Mann, der einst die Revolutionsregierung geführt hatte, im Laufe der Jahre immer mehr nach rechts entwickelt hatte. Niemand allerdings rechnete damit, daß sich dieser Wandel so deutlich zeigen würde, wie es dann geschah. In einer ganzen Reihe von Fragen – vor allem in der Wirtschaftspolitik – ging Paz im Sinne einer eindeutig marktwirtschaftlichen und kapitalistischen Politik radikaler vor, als es Banzer wohl gewagt hätte. Die Forderungen des Internationalen Währungsfonds (IWF), der ja in Lateinamerika und in der ganzen armen Welt äußerst umstritten ist, wurden zur wesentlichen Richtschnur aller Maßnahmen.

Im Gegensatz zu Siles Zuazo versprach Paz Estenssoro nicht, daß er die Situation in 100 Tagen lösen werde, sondern hüllte sich nach seinem Amtsantritt am 6. August zunächst erst einmal in Schweigen. Mit dem Dekret 21060 zur Sanierung der bolivianischen Wirtschaft wurde dem Land am 29. August eine Radikalkur, eine „Operation ohne Betäubung", verschrieben, die vor allem bei den ärmeren Teilen der Bevölkerung auf Protest und Widerstand stieß. Die Subventionen für Grundnahrungsmittel wurden aufgehoben, die Löhne eingefroren, die Preisbindung vieler Waren abgeschafft und die „Dezentralisierung" des staatlichen Produktionssektors angekündigt, was sowohl auf Privatisierungen wie auf die Schließung unrentabler Unternehmen (insbesondere bei den Minen) hindeutete. Zur Inflationsbekämpfung wurde der Wechselkurs des Dollars freigegeben. Den Generalstreik, den die Gewerkschaften gegen den neuen ökonomischen Plan ausriefen, beantwortete Paz mit der Erklärung des Ausnahmezustands. Eine Reihe von Gewerkschaftsführern wurde verhaftet und in entlegenen Urwaldorten interniert.

Im September 1985 brach der Internationale Zinnmarkt zusammen, der Preis des Pfundes Feinzinn fiel auf 2,1 Dollar. Das Land befand sich auf dem Höhepunkt der schlimmsten Wirtschaftskrise seiner Geschichte. Neben den großen inneren Problemen sah sich die neue Regierung nun auch noch mit dem endgültigen Preisverfall eines seiner wichtigsten Exportgüter konfrontiert.

Gegen Ende 1985 schlossen sich die MNR von Victor Paz und Hugo Banzers ADN zu einem „Pakt für die Demokratie" zusammen. („Victor Hugo: die Elenden" wurde das Gespann alsbald von der Opposition getauft.) Die ADN war damit zwar nicht zum Koalitionspartner geworden, doch ihr Einfluß auf die Regierungspolitik war entscheidend gewachsen. Mit 70% der Mandate hatte der Pakt die Möglichkeit, jede Politik im Parlament durchzusetzen. Daß eine Reihe von führenden Positionen im Staatsapparat an ADN-Mitglieder vergeben wurde, war eine natürliche, offen ausgesprochene Konsequenz. Für die Zukunft schlug das Programm des Paktes einen turnusmäßigen Wechsel der Regierung zwischen den beiden Parteien vor.

Der MNR-ADN-Block brachte, was immer man über seine Politik denken mag, eine Stabilität der Regierung, die Bolivien lange nicht mehr erlebt hatte. Mit seiner breiten parlamentarischen Mehrheit im Rücken zeigte sich der Block wenig berührt von den Protesten und setzte die einmal festgelegte Politik kontinuierlich fort. Es war sicherlich auch diese erhoffte Stabilität, die immerhin fast zwei Drittel der bolivianischen Bevölkerung bewogen hatte, für die beiden Ex-Präsidenten zu stimmen.

Nachdem die alten Helden der Linken versagt hatten, probierte man es (mangels anderer Alternativen) mit den Caudillos der Rechten – in der Hoffnung, daß sie wenigstens das Chaos beenden würden.

1986 wurde – vor allem wirtschaftlich gesehen – ein Jahr der Überraschungen. Die Operation, die Paz angekündigt hatte und die er mit aller Härte durchsetzte, gelang zumindest in einigen Bereichen. Der Peso, dessen Wert inzwischen bei fast 2 Millionen pro Dollar angelangt war, hörte (im Februar 1986) auf, zu fallen. Der Dollarschwarzmarkt verschwand. Was kaum jemand geglaubt hatte, trat ein: Die Inflation war gestoppt. Als es Mitte des Jahres zu Lohnerhöhungen in einigen Bereichen kam, wurden diese nicht sofort vom Kaufkraftverlust aufgefressen. Erstmals seit Jahren wurde ein Staatshaushalt aufgestellt und verabschiedet. Gedrängt vom IWF und ausländischen Kreditgebern beschloß die Regierung eine Steuerreform, die eine Erhöhung der Staatseinnahmen von 1% auf 12% des Bruttoinlandsproduktes erbringen sollte. Nachdem die verschiedenen Bedingungen der ausländischen Kreditgeber erfüllt worden waren und Gelder ins Land flossen, kam es zu einem Aufschwung bei den Privatunternehmen. 1500 neue Betriebe wurden in Bolivien allein 1986 gegründet. Am 1. Januar 1987 wurden sechs Nullen vom alten Peso gestrichen und die neue Währung, der „Boliviano", eingeführt. Der Wechselkurs lag bei 1,9 Bolivianos pro Dollar.

VIII. Bolivien heute: Zwischen Pragmatismus und Populismus

Trotz der drastischen Maßnahmen der Regierung Paz Estenssoro, unter denen – wie immer bei solchen Maßnahmen – vor allem die Ärmsten zu leiden hatten, erlebte Bolivien in den folgenden Jahren eine Art Optimismus-Boom. Verglichen mit der Wirtschaft seiner Nachbarn schien das Land einen qualitativen Sprung nach vorn zu machen. Die für lateinamerikanische Verhältnisse in diesen Jahren außergewöhnliche Stabilität der Währung trug dazu bei, daß beträchtliche Teile der Bevölkerung wieder Vertrauen in eine positive Entwicklung des Landes bekamen.

Der alte Kämpe Victor Paz Estenssoro wurde wieder einmal zum „Retter des Vaterlandes“, wenn es auch diesmal nicht die Campesinos und Mineros waren, die ihn als solchen ansahen, sondern die Bourgeoisie und die „besseren Schichten“, die ihn so lange verflucht hatten.

Einer der Vorzüge des Regierungspaktes zwischen ADN und MNR lag darin, daß eine Reihe von ausgesprochen professionellen Mitarbeitern für die Ministerien gewonnen wurden, ohne daß dabei in erster Linie auf die Parteizugehörigkeit geachtet wurde. Unter ihnen ragte der Planungsminister, Gonzalo Sanchez de Losada, besonders hervor. „Goni“ war zwar einerseits Mitglied der MNR, aber gleichzeitig auch einer der erfolgreichsten privaten Minenbesitzer des Landes. In den USA aufgewachsen und mit einem starken Yankee-Akzent geschlagen, wurde er dennoch zum wichtigsten Mann der Partei nach Victor Paz und zu deren Präsidentschaftskandidaten für die Wahlen von 1989. Nach dem mit der ADN geschlossenen Pakt hätte die MNR freilich bei diesen Wahlen Banzer als Kandidaten unterstützen müssen. „Goni“ brach den Pakt, und es begann einer der aggressivsten Wahlkämpfe, den Bolivien je erlebt hat.

Die Wahlen bescherten dem Land mehr als eine Überraschung. Die Hauptkandidaten waren Banzer für die ADN, Sanchez de Losada für die MNR und Jaime Paz Zamora für die erweiterte MIR-Neue Mehrheit. Daneben aber tauchten drei weitere Kandidaten auf, die einen Wandel der bolivianischen Parteienlandschaft ankündigten, der sich bis heute fortsetzt. Da war einmal der „compadre" (Gevatter) Palenque mit seiner CONDEPA (Gewissen des Vaterlandes). Palenque hatte sich zur Gründung dieser populistischen Partei entschlossen, als man seinen äußerst erfolgreichen Fernsehkanal (siehe S. 164 f.) für ein Jahr sperrte, weil er dort einem Drogenhändler erlaubt hatte, schlecht über den Präsidenten zu reden.

Zum zweiten tauchte wie aus dem Nichts Max Fernández auf, eine der erfolgreichsten (Cholo-) Unternehmergestalten Boliviens, der die wichtigste Bierbrauerei des Landes in seine Hände gebracht hatte. Und schließlich kandidierte Victor Hugo Cárdenas, ein Indio vom Titicaca-See, der in La Paz Philosophie studiert, und dann seinen Doktor an der Sorbonne gemacht hatte.

Max Fernández gelang es am Ende nicht, echter Kandidat zu werden. Er versuchte zwar, sich eine Partei zu kaufen, zahlte auch viel Geld, mußte dann aber feststellen, daß die Politiker, bei denen er es versuchte, genauso wenig Skrupel wie er, aber doch viel mehr Erfahrung hatten.

Cárdenas mit seiner MRTKL (Revolutionäre Befreiungsbewegung Túpac Katari) war zwar sicher der gebildetste aller Kandidaten und hatte wohl auch die besten Vorschläge, was die Verbesserung der Lage der indianischen Bevölkerung anging. Doch er beeindruckte damit nur eine kleine Schicht von Intellektuellen. Die MRTKL erhielt nicht einen Sitz im Parlament. Das Parteienbündnis der Vereinigten Linken (IU) erhielt 7,2% Stimmen und 10 Sitze.

Carlos Palenque wurde zur großen Überraschung. Sein Erfolg in La Paz (und in El Alto) war überwältigend. CONDEPA erhielt dort mehr als 40% der Stimmen, was ihr auf nationaler Ebene mit 11 % den vierten Platz einbrachte. (CONDEPA stellt heute die Bürgermeister sowohl von La Paz als von El Alto.)

„Goni“ erreichte mit nur 23 % den ersten Platz, Banzer mit 22,7 % den zweiten, Jaime Paz mit 19,3 % den dritten. Es gab Verhandlungen, Kabale und Absprachen, und zwei Tage vor dem 6. August, dem Tag, an dem der neue Präsident vereidigt werden sollte, erfuhren die Bolivianer das Ergebnis, das ihnen wie ein historischer Witz erscheinen mußte: Hugo Banzer, der Ex-Diktator, der Mann, der Jaime Paz Zamora ins Exil getrieben hatte, erklärte, daß er eben diesen Paz Zamora im Parlament unterstützen werde, damit dieser zum 70. Präsidenten des Landes gewählt werden könne.

Natürlich gab es für diese zunächst absurd erscheinende Verbindung Erklärungen. Sanchez de Losada hatte sich durch seinen aggressiven Wahlkampf und durch den Bruch des Paktes mit der ADN selbst isoliert. Für Banzer war der neue „acuerdo patriotico“ („patriotisches Abkommen“) der einzige Weg, um seine Partei an der Macht zu halten. Und Jaime Paz Zamora gab dem den Zuschlag, der ihm am meisten bot – Banzer bot ihm den Präsidentensessel.

Die neue Regierung brachte einen neuen Stil in die bolivianische Politik: Ein junger Präsident, eine ungewöhnlich einträchtige Zusammenarbeit von rechten und linken Politikern, die sich ehedem bitter bekämpft hatten (die aber freilich auch zumeist dieselben guten Schulen besucht hatten und aus denselben guten Familien stammten). Ideologie zählte nicht mehr, man sprach von der „Revolution des Verhaltens“ und von Bolivien als dem „Land der Gewinner“.

Was die Wirtschaftspolitik betraf, so verfolgte die neue Regierung rigoros die Linie ihres Vorgängers. Die Auslandsschulden, die bereits um 800 Millionen reduziert worden waren, wurden weiter gesenkt. Mit Argentinien wurde eine Verrechnung der gegenseitigen Schulden beschlossen. Aber auch in den Mißerfolgen bewahrte Paz Zamora Kontinuität: Genausowenig wie Victor Paz (übrigens ein entfernter Onkel von Jaime Paz) gelang dem neuen Präsidenten keine wirklich entscheidende Reaktivierung der Wirtschaft. Dasselbe gilt für die Sozialpolitik, wo etwa die Frage der Arbeitsbeschaffung für die umgesiedelten Mineros weiterhin ungelöst ist. Die versprochene Dezentralisierung kommt nur sehr stockend voran. Naturgemäß sind die fest im Sattel sitzenden Bürokraten – eine wichtige Klientel beider Regierungsparteien – ein fast unüberwindliches Hindernis. In der Frage der geplanten Privatisierung, die dringend benötigte Investitionen bringen soll, geht es ebenfalls nur langsam voran, nicht zuletzt deshalb, weil die verschiedenen wirtschaftlichen Gruppen des Landes, repräsentiert durch die verschiedenen Parteien, allesamt versuchen, die besten Stücke der Torte zu bekommen.

Vergleicht man die jetzige Regierung mit einigen ihrer Vorgängerinnen, etwa der der UDP, García Mezas oder anderen Militärdiktaturen, wäre es ungerecht, sie als schlecht oder schwach zu bezeichnen. Was den Bolivianer allerdings bewußt wird, ist, daß es sicher keine „Revolution des Verhaltens" gegeben hat. Die Interessen der Mächtigen sind dieselben geblieben. Die Korruption geht weiter und hat mit dem Kokainbusiness noch weiteren Aufschwung erhalten. Und für die Lösung der großen Probleme des Landes hat auch heute niemand eine wirkliche Antwort.

Die sozialen Probleme sind geblieben, die Zahl der Wirtschaftsflüchtlinge ist gestiegen (über 1 Million Bolivianer sollen allein in Argentinien leben). Ein Ausdruck für die wachsende Ungeduld der ärmeren Bevölkerungsteile ist das langsame Wiedererstarken des Gewerkschaftsdachverbandes COB, der nach den großen Minenschließungen 1986 fast vollständig an Einfluß verloren hatte.

Was die Mehrheit der Bolivianer von der jetzigen Regierung hält, werden die Präsidentschaftswahlen von 1993 zeigen. Zu erwarten ist – wie so oft in Lateinamerika –, daß dabei weniger eine neue Regierung gewählt als in erster Linie eine alte abgewählt wird. Max Fernández, der es nun schließlich doch zu einer eigenen Partei gebracht hat, der UCS (Bürgerunion Solidarität), wird sicherlich von der Unzufriedenheit mit den alten Parteien profitieren – auch wenn er weder eine eigene politische Linie noch irgendwelche konkreten Vorschläge hat. Auch der „compadre“ Palenque wird zulegen, vor allem, wenn es ihm gelingt, sich mit seiner CONDEPA über La Paz und El Alto hinaus landesweit zu etablieren. Wer und in welcher Koalition der nächste Präsident Boliviens sein wird, das kann freilich niemand sagen. Und noch weniger, ob die neue Regierung es dann besser machen wird als die alten. Die einzig halbwegs begründete Hoffnung in Bolivien besteht derzeit wohl eher darin, daß es das Land nach so vielen Jahren der Militärdiktaturen schafft, auf demokratischem Wege nach Lösungen für seine vielen Probleme zu suchen.

IX. Gesellschaft: Das Erbe des Kolonialismus

1. Der Zinnbaron: Simón I. Patiño

Kein Produkt hat die Geschichte Boliviens in diesem Jahrhundert so bestimmt wie das Zinn, das „Teufelsmetall". Und kein Mann war dabei entscheidender als Simón I. Patiño, der größte der Zinnbarone. Sein Erbe, die Minen, sind auch heute noch das Thema großer Auseinandersetzungen und Kämpfe in der bolivianischen Gesellschaft.

Juan del Valle war als einfacher Soldat 1542 mit Alvar Nuñez Cabeza de Vaca nach Südamerika gekommen (das man damals noch „las indias" nannte). Mit Nuflo de Chavez hatte er 1557 das Andenhochland durchquert auf der Suche nach dem sagenhaften El Dorado, dem Goldland. Für den Silberberg von Potosí war Juan del Valle zu spät gekommen. Den hatten Kollegen von ihm bereits 1545 entdeckt. Und die Frühergekommenen verteidigten ihre Rechte auf den Berg verbissen.

Jahrelang zog Juan del Valle auf eigene Faust mit ein paar Leuten herum und kratzte an den Bergen der Kordilleren. Einige Quetschuas, als Nachfahren der Inkas Zuspätgekommene auch sie, führten ihn. 1564 kam das Trüpplein zum „orko intijaljata", zum „Berg, wo die Sonne untergeht". Für ein paar Tage hektischen Grabens wähnte sich Juan del Valle am Ziel seiner Träume. Die Steine, die er aus der Spitze des Berges holte, glänzten silbrig. Er war auf eine Ader gestoßen! Der Heilige Geist hatte ihn geführt! Und Juan del Valle zögerte nicht, den Berg sogleich „Espiritu Santo – Heiliger Geist" zu nennen.

Das vermeintliche Silber erwies sich als irgendein anderes Mineral. Wohl gab es eine Menge davon, aber keine Verwendung dafür. Für seinen Berg war Juan del Valle zu früh gekommen. Doch noch 300 Jahre später hieß die Spitze des Berges nach Hans vom Tal: Juan del Valle. Ein kleiner Trost. Für die Geschichte des Hochlandes in den Jahrhunderten nach der Konquista aber wurde der „reiche Berg" von Potosí und nicht der „orko Espiritu Santo" entscheidend.

1872 legte ein anderer Besessener den legendären Schacht von Juan del Valle wieder frei. Auch Honorato Blacutt suchte nach Silber. Auch Blacutt konnte mit Zinn nichts anfangen, denn niemand wollte es ihm abkaufen. Und auch Blacutt verließ nach einiger Zeit enttäuscht die Ader. Doch mit dem Frieden von Espiritu Santo war es diesmal schneller vorbei. Die Zeiten hatten sich geändert. Potosí, im 16. und 17. Jahrhundert eine der größten Städte der Welt, war Anfang des 19. Jahrhunderts auf den Stand eines kleinen Provinzstädtchens zurückgesunken. Der „cerro rico" war in den 300 Jahren ausgeplündert worden. Allein an diesem Berg waren Hunderttausende von Indios zugrunde gegangen. Bolivien war nicht reicher geworden mit dem Silber von Potosí. Aber das dort so leicht abzubauende Metall war weg. Viele der alten Minen verwaisten. Der Berg war eine ausgequetschte Zitrone. Majestätisch sah er zwar noch immer aus, aber innen drinnen war er durchwühlt, ausgeblutet, mit offenen, versiegenden Adern.

Dennoch: Silber gab es weiterhin. Nur war es jetzt schwerer geworden, es zu fördern. Was fehlte, waren Kapital und Technologie. Seit der Unabhängigkeit 1825 hatten Militärs und Caudillos Bolivien immer mehr heruntergewirtschaftet und schließlich jeden Kredit verspielt.

Die Minenbesitzer nutzten die Gelegenheit, auch politisch das Heft in die Hand zu nehmen. Mit chilenischem und englischem Kapital wurden die Minen modernisiert und erste Ansätze einer Infrastruktur aufgebaut. Man heuerte Ingenieure aus Europa an, suchte neue Adern und elektrifizierte die alten Minen. Man baute Eisenbahnlinien, die die Silberzentren des Hochlandes mit den (jetzt chilenischen) Häfen an der Pazifikküste verbanden. Man investierte, regierte und profitierte. Eine kleine Schicht von Bergwerksindustriellen verdiente noch einmal ganz gut am Silber. Bis das 20. Jahrhundert anbrach.

Pünktlich zur Jahrhundertwende fiel der Silberpreis in den Keller. Doch mit dem 20. Jahrhundert brach auch das Jahrhundert der Dosen, Tuben und des Stanniols an. Und dafür brauchte man Zinn.

Simon Iturri Patiño war Cholo, d. h. Mestize. Als Honorato Blacutt am Espiritu Santo herumschürfte, ging Patiño noch auf eine Klosterschule in Cochabamba. Das war damals wie heute eher die Ausnahme als die Regel für einen Cholo. Das Minenfieber der 80er und 90er Jahre erfaßte auch den jungen Patiño. Aber er wurde kein Minero. Seine Lehrjahre verbrachte er mehr hinter den Schreibtischen verschiedener Bergwerksfirmen als in den Schächten. In diesen schlechtbezahlten Angestelltenjobs lernte er etwas wichtigeres als das Steineklopfen: das business. Das Auf und Ab der Mineralienpreise, die Probleme mit der technischen Ausstattung der Minen, das schlechte Kommunikationssystem, die Schwierigkeiten des Transports, die Sorgen mit dem Elendsalkoholismus der Mineros, die Macht der ausländischen Kapitalgeber. Patiño hielt Augen und Ohren offen, hörte von neuen Adern, von Schiebungen und Pleiten, von Minenkonzessionen und den juristischen Finessen dabei.

Anfang der 90er Jahre arbeitete er bei der „Hermann Fricke y Compañía", einer Import- und Exportgesellschaft, die u. a. den kleinen selbständigen Mineros der Gegend Mineralien abkaufte und exportierte. So merkte Patiño früher als die meisten, daß die Silberzeit zu Ende ging. Als er 1894 seinen ersten eigenen Anteil an einer Mine kaufte, ging es ihm ums Zinn. Die Mine „La Salvadora" (die Erlöserin) war nichts anderes als der alte Schacht von Juan del Valle und Honorato Blacutt. Doch auch für Patiño spendete der Heilige Geist seinen Segen nicht gleich.

Mehrere Jahre holte die Handvoll Indios, die Patiño als Mineros angeworben hatte, nur höchst unreine Mineralien aus dem Schacht. Die Schmelzkosten waren entsprechend hoch. Noch schlimmer war es mit den Transportkosten. Das mit der Hand zertrümmerte Gestein mußte auf Lamas vier Tage lang zur nächsten Bahnstation gebracht werden. Eine

Gruppe von Minenbesitzern machte Patiño das Recht auf die Salvadora streitig und überzog ihn mit Prozessen. Sein Partner stieg entnervt aus. Die Schulden häuften sich. Der Bürgerkrieg Ende des Jahrhunderts brachte die Minenarbeit für Monate zum Stillstand. Patiño hatte seine Anstellung aufgegeben und war auf den Berg gezogen, in eine kleine Hütte am Grubeneingang. Tag für Tag überwachte er jetzt persönlich die Arbeit am Schacht. Dort oben in 4400 m Höhe, in eisigen Winden, bei schlechter Ernährung und einige Tagesritte von jeder Zivilisation entfernt, brach das 20. Jahrhundert über Bolivien herein.

Eines Tages im Jahr 1900 kam der Minenaufseher Menedez zur Hütte Patiños gerannt. „Wir sind auf eine Silberader gestoßen!“ schrie er schon von weitem. „Das ist kein Silber, das ist Zinn“, murmelte Patiño, als er die Proben des Minerals untersucht hatte. Ganz sicher aber war er sich nicht. Er brachte ein paar Steine nach Huanuni, einen Tagesritt entfernt. Dort hatte eine britische Firma ein Laboratorium für die Analysen von Mineralien. Auch die Chemiker dort meinten zunächst, es sei Silber. „Ich glaube, ich war niemals in meinem Leben so enttäuscht“, beschrieb Patiño Jahre später diese Augenblicke. „Ich wollte kein Silber!“ Am nächsten Tag bekam er die Analysen. Die Proben enthielten zwischen 47 und 58% reines Zinn. Seine Leute waren auf die reichste Zinnader der Welt gestoßen.

Patiño wurde der mächtigste, berühmteste, reichste und umstrittenste Bolivianer aller Zeiten. Wie kein anderer drückte er der Geschichte seines Landes den Stempel auf. Fast das halbe Jahrhundert lang baute er mit Geschick und Rücksichtslosigkeit das Imperium auf, dessen Ausdehnung und Bedeutung weit über die Grenzen Boliviens hinausreichten: Gruben von Llallagua bis Thailand, Banken, Schiffahrtslinien, Eisenbahnen, Zinnschmelzen, Immobilien in aller Welt. Die Renditen des Cholos aus Cochabamba summierten sich im Laufe eines langen Lebens (er starb 1947 80jährig) zu einem der größten Privatvermögen der Welt.

Seit 1920 lebte er nicht mehr in Bolivien, kontrollierte seine

Unternehmungen von Europa aus. Doch seine Macht und sein Einfluß auf die bolivianische Politik wurden deswegen nicht geringer. In der Oligarchie der drei großen Zinndynastien war Patiño der König. Die Unternehmer Patiño, Aramayo und Hochschild und die von ihnen bezahlten und abhängigen Politiker, „La rosca", bestimmten – durch alle Wirren hindurch – bis zur Revolution 1952 die Politik des Landes entscheidend mit. Patiño blieb im Hintergrund, konnte dort bleiben, solange sich die Politik in seinem Sinne drehte. Mochte es dabei Elend und Krieg, Putsche und Unruhen geben, wichtig war das Geschäft. Wichtig war, daß die Abgaben an den Staat nicht zu hoch wurden, daß das freie Unternehmertum bestehen blieb und die Minenarbeiter unter Kontrolle gehalten wurden.

Die „Patiño Mines and Enterprises Cons. (Inc.)", 1924 in Delaware/USA gegründet, wurde zum weitaus größten Arbeitgeber Boliviens. Llallagua, Siglo XX, Catavi, Uncía, die Orte, Minen und Anlagen um „seinen" Berg, hatte Patiño im Laufe der Zeit allesamt in seinen Besitz gebracht. Hier war das Herz des Imperiums, hier lag Patiños ganzer Stolz, zumal er die Teile dieses vollständigsten Zinnminen-Komplexes der Welt in langen und mühevollen Finanzkämpfen den Chilenen und Engländern entrissen hatte, was er sich Zeit seines Lebens als große patriotische Tat anrechnete. Ein durchsichtiges Plastikmodell des Salvadora-Hügels stand in seinen europäischen Jahren immer neben seinem Schreibtisch. „Er liebte es, sich daranzulehnen, den Schalter zu drücken, um es zu beleuchten und das verschlungene Labyrinth der Galerien, Stollen und Querschläge zu betrachten", so beendet einer seiner Hagiographen die Lebensbeschreibung des größten aller Zinnbarone.

Es gibt verschiedene Ansichten über den Patriotismus des Simon Patiño, auch heute noch, 45 Jahre nach seinem Tod und 40 Jahre nach der Verstaatlichung der großen Minen. Für die einen ist er die Verkörperung eines Systems, das dazu geführt hat, daß Bolivien eines der ärmsten Länder Südamerikas geblieben ist. Für die anderen ist er der Mann, der mit seiner heroischen unternehmerischen Initiative Bolivien zum Nutzen aller in das 20. Jahrhundert geführt hat. Die Wahrheit liegt, wie immer, natürlich nicht in der Mitte. So richtig es ist, daß ohne Patiños enormen Fleiß, seine Besessenheit und seine Geschäftstüchtigkeit Bolivien nie zu einem der wichtigsten zinnexportierenden Länder geworden wäre, so offenkundig sind die Nachteile, die sich gerade daraus für das Land ergeben haben.

Dabei geht es nicht nur um die Reichtümer, die Patiño und die anderen Zinnbarone unwiederbringlich aus dem Land herausgepreßt haben. Wie das Silber Potosís haben auch die Zinnschätze den Bolivianern nur ein Mehr an Ausbeutung, Armut und Abhängigkeit gebracht. Die Entwicklung, die Patiño eingeleitet hat, jener „Eintritt ins 20. Jahrhundert", bedeutete, daß für Bolivien eine selbstbestimmte Entwicklung ein für allemal verspielt war. Selbst die Enteignung der Minen, selbst die Revolution und eine der stärksten Arbeiterbewegungen Südamerikas konnten daran nichts ändern.

Der Einfluß, den etwa die Vereinigten Staaten – vor wie nach der Revolution – auf die bolivianische Politik genommen haben, ist ein Beispiel dafür. Auch die MNR, die nationalrevolutionäre Bewegung, die die Revolution 1952 durchführte, wurde im Sinne des großen Bruders im Norden gefügig gemacht. Eines der wichtigsten Druckmittel dabei waren die riesigen Zinnreserven, die die USA während des 2. Weltkrieges von den Bolivianern zu Niedrigpreisen erhalten hatten (als Beitrag zum Krieg). Mit diesen Reserven hatten die Amerikaner den Weltpreis für das Erz und damit das Land in der Hand.

„Metal del diablo" – Teufelsmetall – nennt man in Bolivien das Zinn nach dem berühmten Roman über Patiño von Augusto Céspedes. Wohl auch aus der Erkenntnis, daß sich das Land die Ketten, die es trägt, seit Jahrzehnten aus diesem Erz selbst schmiedet. Nirgendwo wird das klarer als in Llallagua, dem alten Zentrum des Patiño-Imperiums. Die Hoffnungen, die sich an die Schätze des Berges von Juan del Valle knüpften, erwiesen sich immer als falsch. Geblieben sind die schönen Namen: „Heiliger Geist", „die Erlöserin", „20. Jahrhundert". Geblieben ist der Betrug.

2. *Llallagua und die Mineros*

Siglo XX (gesprochen siglo vente) heißt 20. Jahrhundert. Siglo XX ist eine der größten und traditionsreichsten Zinnminen Boliviens. Der Name des dazugehörigen Ortes, Llallagua, ist Quetschua. Llallagua heißt Brustspitzen. Ein hübscher Name für das kleine Städtchen, das sich in 4000 Meter Höhe an zwei Hügel schmiegt. Jene Hügel, die wie der Berg von Potosí den Reichtum und die Tragik Boliviens gleichermaßen repräsentieren.

Wer sich anhand der Literatur mit den bolivianischen Minen beschäftigt hat, erwartet in Llallagua vor allem Trostlosigkeit, Elend, Kälte. Für Hoffnungslosigkeit gibt es im Moment wahrlich genügend Gründe. Die Mineros Boliviens erlebten in den letzten Jahren eine Tragödie. Wenn man in La Paz über die Minen und die Bergarbeiter redet, trifft man auf Ratlosigkeit und Angst, aber auch auf Mitleid und Solidarität. Die meisten Paceños waren nie in Llallagua oder anderen Minenorten. Sie kennen die Mineros nur von deren Besuchen in der Hauptstadt, wenn sie im immer verzweifelter werdenden Kampf um ihre Rechte die Stadt „einnahmen" oder „belagerten". So wie etwa Ende August 1986, als Tausende von Bergarbeitern samt ihren Frauen und Kindern in einem Fußmarsch „für Leben und Frieden" vom 175 Kilometer entfernten Oruro über den Altiplano auf La Paz zogen, um gegen die geplanten Minenschließungen zu protestieren. Aus Angst vor einer „Besetzung" der Hauptstadt erklärte die Regierung den Ausnahmezustand, kesselte die Marschierer kurz vor La Paz tagelang ein und transportierte sie dann zurück in ihre Heimatorte. Die Proteste halfen nichts. Die meisten der staatlichen Minen wurden geschlossen. Seitdem gibt es in El Alto eine Reihe von ärmlichen Ansiedlungen, in denen die „relocalizados", die umgesiedelten Mineros, mit ihren Familien leben.

Abb. 5: Der Marsch der Mineros für Leben und Frieden im Herbst 1986: Die Bergarbeiter protestieren gegen die geplanten Schließungen von Minen der staatlichen Bergbaugesellschaft Comibol

Jahrzehntelang waren die Mineros der kämpferischste Teil des Volkes. Im Gewerkschaftsdachverband COB gab die Minenarbeitergewerkschaft FSTMB den Ton an. Wenn es um demokratische Rechte und soziale Verbesserungen ging, übernahmen die Mineros die Führung, im Widerstand gegen die Diktaturen haben sie die meisten Opfer gebracht. Und jahrzehntelang haben die Minenarbeiter unter schrecklichen Arbeitsbedingungen einen wichtigen Anteil des Staatshaushaltes produziert. Bloß, wo ist der Reichtum, den sie geschaffen haben? Wo sind die sozialen Verbesserungen heute? Die Comibol, die staatliche Minengesellschaft, die seit der Revolution die nationalisierten Bergwerke verwaltet, wurde in den 80er Jahren zu einem Defizitunternehmen. Jeder sagte ihr Korruption, Schlamperei oder zumindest mangelnde Effizienz nach. Die Minen wurden zu einem gigantischen Zuschußbetrieb, nicht sie ernährten den Staat, sondern umgekehrt: der Staat subventionierte sie. Die Produktionskosten pro Pfund Zinn lagen Mitte 1986 in Bolivien bei 11 Dollar, der Weltmarktpreis bei 2,3 Dollar. Die Minen waren für die meisten nur noch ein riesiger Zinnklotz am Bein der bolivianischen Wirtschaft. Es gehört zu den Ironien der bolivianischen Geschichte, daß derselbe Mann, der die Minen 1952 verstaatlichte, 33 Jahre später die Auflösung dieses staatlichen Sektors betrieb. Von den 30000 Beschäftigten der Comibol blieben nach der Amtszeit von Victor Paz nur noch wenige Tausend übrig. Ein „weißes Massaker" nannte die COB diese Massenentlassungen, die ein Teil der „neuen ökonomischen Politik" der Regierung Paz Estenssoro waren.

Und doch – wenn man nach Llallagua kommt, ist der erste Eindruck keineswegs niederschmetternd. Llallagua wirkt nicht trostlos. Es ist bunt getürmt, belebt, sprudelnd. Eine verwinkelte, auf- und abführende Hauptstraße – wie in einem südfranzösischen Bergdorf. Aber mit viel mehr Bewegung, mit ständigem Markt, mit Lautsprechern an jeder Ecke: Abends um acht ist die Straße so voll, daß man nur mit Mühe vorankommt. Auf der Plaza del minero schreit Yul Brynner (auf englisch!) herum, weil aus irgendeinem Grund der im Kino am Platz laufende Film auch nach außen übertragen wird. Kinder spielen überall Fußball, auf den gepflasterten wie auf den ungepflasterten Straßen. Schleckereien werden verkauft, es dampft und brät und duftet wie auf einem Jahrmarkt. In den Auslagen der Geschäfte und Stände liegt der Plastikschrott der Ersten Welt, bunt und verführerisch. An Adidas kommt keiner vorbei. Und Dosen, Dosen, Dosen. Die Zinnbestände an Sardinenbüchsen, von der Comibol vor Jahren en gros eingekauft, seien in Llallagua, so erzählt man sich, vermutlich größer als die, die noch aus dem Berg herausgeholt werden können.

Auch die Umgegend kann einem gefallen: die berühmten Hügel, die riesigen Abraumhalden mit ihren Farbschattierungen, der alte Friedhof weiter unten am Hang und, jenseits der Schlucht, Catavi, die Schwesterstadt. Dort liegt das „ingenio", die Mahl- und Schlämmanlage mit ihren Wackeltischen, uralt allesamt, noch aus Patiño-selig's Zeiten. Das „ingenio" ist inzwischen geschlossen, und niemand weiß, ob es je wieder geöffnet wird. Unten in Catavi lebten früher die höheren Angestellten. Im Hochland Boliviens leben die oberen Schichten immer weiter unten.

Um die Hoffnungslosigkeit Llallaguas zu spüren, muß man in die Tiefe gehen, durch mehrere Schichten hindurch. Die scheinbare Heiterkeit, das traditionelle Selbstbewußtsein sind von unten ausgehöhlt wie der alte Berg von Juan del Valle. Jahrzehntelang war die furchtbare Arbeit in den Minen der Grund für die Trostlosigkeit. Heute ist es absurderweise die Tatsache, daß es diese Arbeit wohl bald nicht mehr geben wird. In Llallagua stirbt eine Klasse. Doch der Todeskampf dauert länger, als man vor wenigen Jahren noch glaubte.

Jenseits der Plaza del minero mit den etwas heroischen und doch hübschen Minero-Denkmälern beginnt Siglo XX: Die Hütten der Bergarbeitersiedlung, die Verwaltungsgebäude, die Grubeneinfahrt. Domitila Chungara vom Hausfrauenkomitee in Siglo XX hat in dem berühmten Buch „Wenn man mir erlaubt zu sprechen . . ." diese Hütten und das Leben dort beschrieben: die Enge, die Kälte, die Armut, den Mangel an hygienischen Einrichtungen, aber auch die Solidarität, das politische Bewußtsein, den Stolz.

Llallagua hat in den letzten Jahren ein wildes Wechselbad der Gefühle erlebt. 1986 verließen die meisten der von der Comibol entlassenen Mineros die Stadt. Manche gingen als „relocalizados" nach El Alto, andere versuchten, im Tiefland ein Auskommen zu finden (wo vor allem die aufblühende Kokawirtschaft Arbeitsplätze verhieß). Abgesehen von den geringen Abfindungen, die bald verbraucht waren, gab es keine Sozialpläne. Viele der älteren Mineros fanden sich in der neuen Situation nicht mehr zurecht, zumal auch die alte gewerkschaftliche Solidarität, nun, da sie arbeitslos geworden waren, zerbröckelte.

Doch bereits 1987 belebte sich die alte Minenstadt wieder. Heute arbeiten mehr Mineros in Siglo XX als zu Zeiten der

Comibol. Ein neuer, trügerischer Boom ist entstanden: eine Art Leichenfledderei auf genossenschaftlicher Basis. Mit Unterstützung der Regierungsparteien MNR und ADN wurden Kooperativen gegründet, die in den von der Comibol geschlossenen Minen nun auf eigene Faust (und eigenes Risiko) schürfen. Arbeitslose finden sich genug. Meistens sind es junge, wenig erfahrene Mineros, die sich da auf die Jagd nach dem schnellen Geld begeben.

Die Arbeit in den Minen ist heute zu einer Art Lotterie geworden, und zu einer lebensgefährlichen dazu: Die alten Transport-, Lift- und Sicherheitssysteme in den über 1000 Kilometer langen Gängen, Schächten und Galerien von Siglo XX – früher eine der sichersten Minen des Landes – funktionieren nicht mehr. Die Mineros laufen zu Fuß – oft stundenlang – zu den Claims ihrer Kooperativen. Auch das „Blockcaving" der früheren Zeiten gibt es nicht mehr. Bei dieser Methode wurden riesige Blöcke aus den Stollen gesprengt und dann zerkleinert durch die endlosen Kamine auf die Loren in der untersten Galerie geschmissen. Heute hauen die Mineros das Mineral mit bloßen Hämmern aus dem Stein und schleppen es dann in Säcken auf dem Rücken aus dem Berg. Und immer häufiger verrichten sie ihre Arbeit an Stellen, die bewußt nicht bearbeitet wurden, weil sie zur Stützung der Stollen dienten. Um die Absicherung durch Holzbalken, die Erneuerung morscher Teile oder die Entwässerung der Stollen kümmert sich keiner, wohl nach der Devise „nach uns die Sintflut". Und die kommt – schleichend. Immer mehr Stollen stehen unter Wasser, Unfälle werden häufiger. Niemand aber möchte darüber sprechen. Der Arzt von Llallagua nimmt an, daß es fast täglich Tote gibt. Und es ist nicht ausgeschlossen, daß es irgendwann zu einer großen Katastrophe kommt, wenn ganze Teile des Berges in sich zusammenstürzen.

Die bei der Comibol angestellten Mineros hatten Gummizeug, Grubenhelme mit Lampen und Akku am Gürtel. Auch eine Maske mit Luftfilter wurde gestellt. Viele setzten sie allerdings damals schon nicht auf, weil sie beim Arbeiten stört. Heute benutzt sie fast niemand mehr. Silikose, also Stein-

Abb. 6: Zum letzten Mal? Einfahrt in die Mine Siglo XX

staublunge, die klassische Bergarbeiterkrankheit, ist deshalb noch verbreiteter als früher.

Keiner weiß, wie lange der vermutlich letzte Boom von Llallagua noch dauern wird. Solidarität ist in Llallagua rar geworden. Nicht selten kommt es zu Auseinandersetzungen zwischen den verschiedenen Kooperativen. Zwar versuchen die Besonneneren wirklich genossenschaftliches Handeln einzuführen: Gemeinschaftsprojekte, wenigstens minimale Sicherheitsvorkehrungen und die Entwicklung von Projekten für die Zeit, wenn das letzte Zinn weg ist. Doch der alte Zusammenhalt ist wohl für immer vorbei.

Auch darin liegt die Hoffnungslosigkeit von Siglo XX. Es ist nicht die Schuld der Mineros, daß sie nur die Patiños reich gemacht haben und nicht das Land. Es ist nicht ihre Schuld, daß der Zinnpreis immer weiter gefallen ist. Es ist ihre Tragik, daß die Verstaatlichung der Minen in Mißwirtschaft und Korruption endete. Heute stehen sie so arm wie eh und je vor dem Nichts. Mit dem 20. Jahrhundert geht es langsam zu Ende, mit Siglo XX vermutlich schneller. Und was dann kommt, weiß niemand. Auch die so mächtige Bergarbeitergewerkschaft hat den Niedergang des Bergbaus in Bolivien nicht aufhalten können. Es ist immer tragisch, wenn ein Beruf stirbt, so schlimm er auch sein mag. Da stirbt auch eine Tradition, eine Kultur, eine Zusammengehörigkeit. Aber ist jahrzehntelange Tradition von Dreck, Schweiß, Silikose und Ausbeutung es wert, aufrechterhalten zu werden?

Europa ist reich geworden mit den Erzen Boliviens. Die Enkel der Patiños und der anderen Zinndynastien turnen im internationalen Jet-set herum. Die Enkel derer, die all diesen Reichtum geschaffen haben, leben heute als „relocalizados" in bitter armen Verhältnissen am Rande der Städte ohne Rückweg und ohne Zukunft. Oder sie trotten bei Sonnenaufgang Koka-kauend mit Gummistiefeln und Hacke zu den langsam versiegenden Brüsten Llallaguas, um unter Lebensgefahr vielleicht doch noch einen ganz kleinen Rest des irrwitzigen Reichtums des „Heiligen Geistes" zu ergattern.

3. Sucre und die „gente bien"

Sucre ist zweifelsohne eine der schönsten Städte Südamerikas. Wenn man durch die Straßen mit ihren barocken und neoklassizistischen Fassaden schlendert, vermeint man, noch etwas von dem Frieden und der Harmonie zu spüren, die hier für eine kleine Schicht einst herrschten. Sucre ist auf dem Papier immer noch die Hauptstadt Boliviens, auch wenn der Regierungssitz längst – seit 1898 – in La Paz ist. Nur der oberste Gerichtshof befindet sich heute noch in der Stadt, die sich stolz „Wiege der Freiheit" nennt.

Sucre hat – auch wenn es heute verarmt ist – viel von seiner glorreichen Vergangenheit bewahrt: seine 36 Kirchen, seine Paläste, das große Theater, den Park mit dem nachgebauten kleinen Eiffelturm und natürlich den Hauptplatz, den Platz

Abb. 7: Symbol einer glorreichen Vergangenheit: Die Universität in Sucre, gegründet 1624

des 25. Mai, wie er heute heißt. Hier stehen die Kathedrale aus dem 16. Jahrhundert und die „casa de la libertad", das Haus aus dem 18. Jahrhundert, in dem 1825 die bolivianische Unabhängigkeit erklärt wurde. An der Ecke daneben steht der riesige Regierungspalast, eine Art potemkinsches Gebäude – bis heute ist nur die äußere Fassade fertiggestellt.

Die Plaza selber, am Tag ein Treffpunkt für jung und alt, verwandelt sich in der Nacht zu einer Art Philosophenhain, wenn im Schein der Laternen die Studenten leise lernend und diskutierend umherwandeln oder mit Büchern und Notizen auf den Bänken ihre Studien treiben. Zweimal in der Woche, am Donnerstag und am Sonntag abends um acht, trifft man sich auf der Plaza zum Spaziergang. Die jungen Männer gehen im Uhrzeigersinn, die Mädchen in der Gegenrichtung. Seit Hunderten von Jahren werden mit diesem Brauch die Flirts, Liebesgeschichten und Ehen in Sucre angebahnt.

Sucre hat viel Sinn für Tradition. Die Straßen und die Fassaden werden mit Eifer saubergehalten, der Stil der Stadt soll bewahrt bleiben. Und doch: die Stadt welkt dahin. Sie ist so arm, daß sie sich kein Theaterensemble oder Orchester leisten kann. Es gibt wenig Abwechslung für die Jugend und wenig Berufsperspektiven. Viele gehen nach dem Studium wieder weg. Es ist, als habe sich Sucre in den Kokon seiner Tradition eingepuppt.

Seine großen Zeiten hatte Sucre in der Kolonialepoche. Potosí war die ökonomische Hauptstadt Südamerikas, in Sucre lag das Zentrum der politischen Macht in den Anden. Die Regierenden der Audiencia von Charcas waren stolze Herren, die ihren Kopf vor niemandem beugten, weder vor den Vizekönigen in Lima noch vor den Vertretern der kirchlichen Macht. Die Universität von San Francisco Javier, 1624 gegründet, gab der Stadt schon früh eine gelehrte und internationale Atmosphäre und wurde zu einer der angesehensten Institutionen des Landes. In diesem Ambiente entstand eine ganz spezifische Schicht: die kreolische Gesellschaft.

Kreolen sind die in Lateinamerika geborenen Nachkommen der Spanier. Auch wenn gelegentlich adelige Spanier in die neue Welt gelangten, die meisten Einwanderer stammten aus bescheidenen Verhältnissen: Arme, Enterbte, Ausgestoßene. In Amerika aber wurden sie und ihre Nachkommen schnell zur Elite. In der Kolonialgesellschaft gab es kaum arme Kreolen – so wie es kaum reiche Indianer gab.

Doch die Spanier vermieden (im Gegensatz zu den puritanischen Einwanderern im Norden Amerikas) den Kontakt zu den Einheimischen keineswegs. Es gab keine Apartheid – im Gegenteil. Mit ihrem kosmopolitischen Hintergrund (Aragon beherrschte im 15. Jahrhundert das Mittelmeer) zögerten die Konquistadoren nicht, sich mit den Einheimischen zu vermischen und Kinder zu zeugen. Schon Pizarro heiratete eine Inka-Prinzessin, mit der er eine Reihe von Kindern hatte. Jede der großen alteingesessenen kreolischen Familien in Bolivien hatte einige indianische Vorfahren, auch wenn dies kaum noch sichtbar ist. Dennoch entwickelten die Kreolen sehr bald ein eigenes Klassenbewußtsein, das sich ausschließlich an spanischen Werten orientierte, während die indianische Kultur systematisch herabgewürdigt wurde. Wie hätte sonst auch die Ausbeutung der Indianer legitimiert werden können? Die Mestizen, die Cholos, wurden – sofern sie nicht völlig in den besseren Familien aufgingen – gleichermaßen verachtet.

Dieses Denken und dieser Dünkel veränderten sich auch in der Republik nicht. Am Ende des 19. Jahrhunderts, den letzten goldenen Jahren Sucres, entfernte sich dessen Oberschicht nicht selten auch geographisch von ihrem Land. Die reichen und mächtigen Familien Sucres leisteten sich lange Reisen nach Europa, einige von ihnen wurden zu herausragenden Figuren der Belle Époque. Erzogen in Europa und stets den Blick auf Europa gerichtet, redeten sich diese Leute ein, Europäer zu sein, und begannen, Bolivien als eine europäische Dépendance zu betrachten. Schließlich waren sie ebenso raffiniert und kultiviert wie der Herzog von Windsor. Die Indianer hatten in diesem Weltbild keinen Platz. Sie waren für die Kreolen ein faules, schlecht erzogenes und lasterhaftes Volk, dessen äußerste Armut selbstverschuldet war. Nur wenige Cholos schafften den Weg in die Oberschicht.

Bis 1952 hielt diese entfremdete Elite die Macht des Landes in den Händen. Ausgestattet mit einem exquisiten Geschmack und dem dazu nötigen Geld kaufte und sammelte sie in Europa Möbel, Geschirr, Gemälde, Mode, Kunst, immer vom Feinsten.

Mit der Agrarreform brach dieser Lebensstil zusammen. Die alten Herren mußten von heute auf morgen umsatteln und sich einer neuen Situation stellen. Die traditionellen Einkünfte flossen nicht mehr, die Großgrundbesitzer mußten den Schmuck und die Möbel verkaufen und anfangen zu arbeiten. Natürlich ging es nicht allen so schlecht, viele waren weitsichtig gewesen und hatten sich neben der Landwirtschaft noch andere Einnahmequellen gesichert. Sie behielten auch nach der Agrarreform ihren Status und ihre ökonomische Macht. Andere fanden nach einiger Zeit in neuen Geschäften ihr Auskommen. Doch als Klasse waren die Großgrundbesitzer am Ende. Die Zeit vor 1952 wurde ihnen zur verklärten goldenen Zeit, und jeden Abend verfluchten sie Victor Paz, die MNR und die Revolution. Heute verfluchen sie nur noch die Revolution.

Doch auch wenn die Latifundisten von der Bühne abtraten, die Oberschicht insgesamt überlebte die Revolution. Die Zusammensetzung veränderte sich ein bißchen, einige neue Mitglieder kamen hinzu, aber die gesellschaftlichen Unterschiede zur Masse des Volkes blieben. „Gente bien", „gente de buena familia", die „besseren Kreise" und die „guten Familien" gibt es heute genauso wie früher. Woran erkennt man sie? Mario Vargas Llosa, der peruanische Romancier, der seine Kindheit in Bolivien verbracht hat, beschreibt sie als „Leute, die sich gut anziehen, gut reden und gut riechen". Das entspricht insofern der Wahrheit, als bis heute in Bolivien weder Kunst noch Literatur, weder warmes Wasser noch Seife für die große Masse des Volkes zu einer Alltäglichkeit geworden sind.

Die „gente bien" sind im Verhältnis zur Gesamteinwohnerschaft des Landes eine sehr kleine Gruppe. Auch wenn sie nicht mehr die alleinigen Besitzer des Landes sind, so kontrollieren sie es doch noch immer. Sie bewegen sich in einer Welt der einflußreichen Zirkel, der alten Freundschaften, der Kameraderie aus der gemeinsamen Schulzeit an einer der wenigen guten Schulen des Landes. Denn weil La Paz inzwischen der Regierungssitz ist, wo Politik und Wirtschaft gemacht werden, sind dort natürlich die meisten „gente bien" zu finden. In den guten Vierteln am Boden des Kessels. Eng beieinander, wo jeder jeden (samt seiner Familiengeschichte) kennt. Denn natürlich spielen die Familienbande eine äußerst wichtige Rolle.

Die Kreise sind verwoben und verwickelt. Der oberste Gewerkschaftsführer (auch er gehört inzwischen zur Elite) ist Schwiegervater der Tochter des Besitzers der wichtigsten Bank des Landes. Dieser seinerseits war Schwiegersohn einer Ex-Präsidentin, die von ihrem eigenen Cousin weggeputscht wurde und bei den Wahlen mit eben jenem Gewerkschaftsführer gemeinsam kandidiert hatte, der im übrigen einen Halbbruder hat, der einer der wichtigsten Minister während der Banzer-Diktatur war, und so weiter und so fort. Ein nicht zu durchschauendes Knäuel von Verwandtschaften und Verschwägerungen. Manchmal hat man den Eindruck, Bolivien sei auch heute noch nichts anderes als ein schlecht geführter Familienbetrieb.

Die Abkömmlinge der alten und stolzen Oberschicht versuchen mit aller Kraft, die goldenen Zeiten ihrer Väter und Großväter wieder zu neuem Leben zu erwecken. Sie kaufen wieder Meissner Porzellan, Nerzmäntel und Silberbesteck, sie reisen nach Europa und in die USA. Sie verstehen etwas von Mode und wissen, ob Picasso oder Toulouse-Lautrec in ist, sie lesen Sartre, Camus und Hemingway und fühlen sich in Paris zu Hause, vielleicht auch in New York, Madrid oder Hamburg. Sie sind dem eigenen Land fremd geworden in ihren ausländischen Schulen und auf ihren vielen Reisen.

Während die Alten an die Zeiten denken, als sie noch die Herren von Bolivien waren, denken die Jüngeren oft in Englisch, träumen von der Fifth Avenue, von den Colleges in Florida oder auch mal von der Sorbonne und von wichtigen internationalen Posten.

Sucre welkt dahin, jeden Tag ein bißchen mehr. Es ist schon lange nicht mehr das Zentrum, es lebt von der Vergangenheit. Die „gente bien" in Sucre, aber auch in den anderen Städten Boliviens werden das Schicksal dieser Stadt teilen. Sie sind kraftlos geworden und sie haben keine Antwort auf die drängenden Probleme des Landes. Irgendwann werden sie wohl verschwinden und einer anderen Art von Elite Platz machen. Doch eine Weile wird das noch dauern.

4. La Paz und die Cholos

La Paz ist sicher die wichtigste und interessanteste Stadt Boliviens. Eine Mischung aus kleiner Provinzstadt, in der sich alle kennen und andauernd treffen, und einer wirklichen Kapitale, von der aus ein Sieben-Millionen-Volk regiert wird. Eine Hauptstadt mit Machtzentren, Hochhäusern, Clubs, Villenvierteln und vielen, vielen Ausländern. La Paz hat eine kosmopolitische Atmosphäre. Einwanderer aus allen Ecken der Welt und aus allen Regionen des Landes haben sich hier angesiedelt. Nicht ohne Grund hat man diese höchste Hauptstadt der Welt eine „Stadt der Gegensätze" genannt. Und das bezieht sich nicht nur auf die Menschen, den Lebensstil und die Einkommensverhältnisse, sondern auch auf die Topographie und die Landschaft.

Mit über 1,1 Millionen Einwohnern (einschließlich El Alto) ist La Paz nicht nur die größte Stadt Boliviens, sondern wohl auch die mit den meisten Problemen. Auch wenn man sie nicht mit den anderen südamerikanischen Metropolen vergleichen kann, wo das schnelle Wachstum inzwischen zu kaum reparablen Monstrositäten geführt hat, so ist auch La Paz nicht in der Lage, all die Menschen wirklich ausreichend zu versorgen, die Jahr für Jahr in den Kessel und nach El Alto ziehen (das inzwischen zu einer eigenen Stadt mit über 300 000 Einwohnern geworden ist). Dennoch: Kaum jemand in La Paz lebt in Hütten aus Pappe und Abfällen, es gibt keine

„Favelas". Die neuen Viertel freilich haben weder gepflasterte Straßen noch fließendes Wasser noch Kanalisation.

Die sozialen Gegensätze springen einem ins Auge, und es ist, als wolle die Natur diese Gegensätze noch unterstreichen. Anders als in allen anderen Städten der Welt leben in La Paz die Reichen unten und die Armen oben. Zwischen dem höchsten Punkt der Stadt und dem tiefsten besteht ein Unterschied von 900 Metern. Oben (in El Alto) sind die armen Viertel, unten (in La Florida) liegt der Tennisclub (6000 Dollar Aufnahmegebühr) und stehen die teuersten Villen des ganzen Landes. Die Temperaturunterschiede betragen bis zu 12 Grad. Während man im La Florida in den gepflegten Gärten ein gesundes Sonnenbad nehmen kann, müssen die Leute im Alto mit einer Sonne vorliebnehmen, die brennt, aber nicht wärmt.

La Paz hat schöne Promenaden, alte Plätze, Parks, ein hübsches Theater aus dem vergangenen Jahrhundert, ein paar Museen und einige elegante Viertel. Das gesellschaftliche Leben der „gente bien", der feinen Leute, spielt sich auf wenigen Straßenzügen ab. Wer jemanden treffen will, braucht eigentlich nur den „Prado", die Hauptstraße, auf- und abzuspazieren.

Doch die Seele von La Paz sind nicht die Parks und Plätze, sind nicht die Cafés und Bars, wo sich die jeunesse dorée trifft. Die Seele ist nicht einmal der Prado oder die Plaza Murillo, wo Kongreß, Präsidentenpalast und Kathedrale einträchtig beisammenstehen. Und ganz gewiß ist die Seele nicht das (unter Banzer) errichtete Hotel Sheraton, das fast immer halbleer steht. Die Seele von La Paz und Herz und Magen dazu, das ist der Markt.

Wenn alle anderen Straßen noch schlafen, beginnt in der Marktgegend oberhalb der San Francisco-Kirche vor sechs Uhr morgens bereits das Leben, und es hört nicht auf bis Mitternacht. Der Markt von La Paz ist ein Labyrinth von Straßen, Steigen, Innenhöfen und Gassen, wo alles, aber auch alles verkauft wird: Kartoffeln und Computer, leere Flaschen und Kühlschränke, schottischer Whiskey und Meerschweinchen, Blue Jeans und Lamafötusse, die als Glücksbringer gelten und in jedes Haus eingemauert werden. Der riesige Markt hat viele Sektionen und viele Namen. Es gibt den Schwarzen Markt mit seiner Schmuggelware, es gibt Miamicito (Klein-Miami), wo die letzten High-tech-Neuheiten frisch aus Panama oder Hongkong angeboten werden, und es gibt vor allem den Lebensmittelmarkt „El Rodriguez“, der sicherlich ein Viertel der Bevölkerung von La Paz versorgt. So groß ist der Markt, daß man sich unwillkürlich fragt, wer das alles kaufen soll. Und es ist schwierig, zu verstehen, wie dieses ökonomische System funktioniert. Doch es funktioniert, ohne Zweifel und selbst in den schlimmsten Zeiten.

Sicherlich, es gibt hier viele Frauen, die vor lächerlich wenigen Waren (oft nur zwei kleine Häufchen von liebevoll arrangierten Kartoffeln oder Tomaten) einen ganzen Tag lang sitzen und für die der soziale Kontakt offensichtlich wichtiger ist als der Verkauf. Aber ebenso gibt es den aktiven Handel en gros mit beträchtlichem Umsatz und dicken Gewinnen.

Es sind nicht die feinen Leute, die den Markt beherrschen (auch wenn die meisten von ihnen hier einkaufen oder einkaufen lassen). Ihre Abstammung und ihre Tradition verbieten es ihnen, hier ihre Geschäfte zu machen. Die Herren oder, genauer gesagt, die Herrinnen des Marktes von La Paz sind die Cholas.

Cholos und Cholas sind weder „gente bien“ noch Indios. Sie sind Mestizen, das Produkt der Vermischung von Spaniern und Indianerinnen während der Kolonialzeit. Für die Kreolen hat der Begriff Cholo einen gewissen abwertenden Beigeschmack. Schlechter Geschmack ist „cholo“. Wer etwas Ungehöriges, Dummes macht, dem ist der „Cholo herausgekommen“, und überhaupt sind nach Ansicht der bolivianischen Oberschicht vor allem die Cholos verantwortlich für die ganze Misere des Landes.

Die Cholos ihrerseits haben ein völlig verständliches Ressentiment gegen die Kreolen entwickelt und dazu inzwischen ein eigenes, authentisches Klassenbewußtsein. Ohne die Notwendigkeit, ihre Bedürfnisse nach den Maßstäben des teuren importierten Geschmacks der traditionellen Oberschicht be-

Abb. 8: Treffpunkt in La Paz: Der „Prado", die Hauptstraße. (Im Vordergrund das Reiterstandbild Marschall Sucres)

friedigen zu müssen, hat diese Bevölkerungsgruppe eine Ökonomie aufgebaut, die sich an Umfang und Bedeutung durchaus mit jener der traditionellen Ausbeuter messen kann.

Der wirtschaftliche Erfolg der Cholos bedeutet nicht, daß sie versuchen, von der alten Oberschicht assimiliert zu werden. Akkulturation ist zwar ihr Ursprung, doch ist daraus eine eigene und eigenständige Tradition entstanden mit einem Status- und Machtsystem. So mag eine Marktfrau ein Bankkonto eröffnen, Kredite aufnehmen und vielleicht gar ein kleines Marktmonopol organisieren, doch dabei wird sie weiterhin die typische pollera (einen breiten Faltenrock mit diversen Unterröcken) tragen. Und dazu die ebenfalls aus dem Spanien des 18. Jahrhunderts stammende mantilla (das Schultertuch) sowie die zapatillas an den Füßen, ganz wie sie die Herzogin von Alba trug, als Goya sie malte. Und sie wird sich den englischen Bowler aufsetzen, der einst von der Kaiserin Eugenie in die Pariser Damenhutmode eingeführt worden sein soll. Als Eugenie von dem Hut genug hatte (er ist wirklich nicht sehr praktisch) und ihn in Europa niemand mehr haben wollte, verschickte die Hutfabrik Borsalino in ihrer Not die großen Lagerbestände nach Südamerika. Die Bowler gelangten nach Arica, von Arica nach La Paz, und dort blieben sie und wurden zur Kopfbedeckung der Cholas. Eine neue Tradition war geboren.

Wenn es etwas Neues, Einmaliges und gleichzeitig Beständiges in der bolivianischen Gesellschaft gibt, dann sind es die Cholos. Die rein indianische Gesellschaft auf dem Lande ist seit Jahrhunderten auf dem Rückzug und läuft Gefahr, sich Stück für Stück aufzulösen. Die in die Stadt ziehenden Indianer werden von den Cholos assimiliert und damit – zumindest sozial – selbst zu Cholos. (Cholo ist heute viel mehr eine soziologische als eine ethnische Kategorie.)

Während die traditionelle Oberschicht ihr amerikanisches Frühstück mit scrambled eggs zu sich nimmt, italienisch zu Mittag ißt, den five-o'clock-tea mit Sachertorte zelebriert und – wenn's geht – französisch zu abend speist, halten die Cholos die andine Küche in Ehren: Die pikante Suppe oder das

Abb. 9: „El Rodriguez", der Markt von La Paz: „Cholitas", wie die Marktfrauen meistens genannt werden, verkaufen ihre Ware

scharfe „frikase", das um sechs Uhr morgens auch den schlimmsten Kater vertreibt, den gekochten Schafskopf als ideale Vormittagsbrotzeit, die herrlichen dicken Suppen mit chuños und tuntas (dehydrierten Kartoffeln) zum Mittagessen und das „ají de lengua" um fünf Uhr nachmittags. Für jede Tageszeit gibt es ein besonderes Gericht.

Während die Oberschicht ihre Langeweile mit importierten Schallplatten und Filmen vertreibt oder auslebt, feiern die Cholos ihre Feste zu den Huaynos, Salsas, Cumbias und Mejicaneadas der achtzig Musikgruppen, die es in La Paz gibt, und von denen die „gente bien" nicht einmal wissen, daß sie existieren. Denn neben den wenigen Diskotheken, Restaurants und Bars mit ihren Türstehern, wo sich die Reichen treffen, gibt es ein buntes Kaleidoskop von Tanzsälen, Chicherías und Kneipen, in denen sich die Cholos vergnügen. Erst sie geben La Paz Farbe und Kontur.

Dabei ist es wichtig, zu erwähnen, daß in dieser Gesellschaft die Frauen das meiste Gewicht haben und im Zentrum stehen. Das hängt mit ihrer Hauptbeschäftigung, dem Handel, zusammen, aber es hat auch historische Gründe. Die indianischen Frauen (und später die Cholas) sind in diese Rolle im Laufe der Kolonialzeit notgedrungen hineingewachsen. Die spanischen Eroberer kamen ohne Familie, sie machten ihr Glück, zogen weiter und hinterließen ihren indianischen Frauen zumeist nur mehrere Kinder, um die sie sich nicht weiter kümmerten. Die Mischlinge wurden weder von der kreolischen noch von der indianischen Gesellschaft akzeptiert. In der so entstandenen neuen Schicht mußten die Frauen fast immer Vater und Mutter zugleich sein. Diese Rolle füllen die Cholas bis heute aus, auch wenn die Männer jetzt meistens keine Kreolen, sondern selbst Cholos sind.

Man könnte die Cholos als eine Art aufstrebendes Bürgertum bezeichnen, vergleichbar vielleicht dem des europäischen Spätmittelalters. Es ist ihnen gelungen, den Handel im Lande Stück für Stück zu übernehmen. Heute beherrschen sie nicht nur die Märkte, sondern zu einem großen Teil auch den Verkehr, sowohl den städtischen wie den (oft mühseligen) über Land. Die Cholos sind in Bolivien die Vermittler im Handel zwischen den ländlichen Produzenten und den städtischen Käufern geworden. Ihre Geschäfte sind eine verwirrende Mischung aus Kleinkapitalismus, Klientelismus und verwandtschaftlichen Beziehungen. „Padrinos“ und „Compadres“ (Paten und Gevatter) spielen dabei eine ebenso wichtige Rolle wie geschäftliches Geschick und der Taschenrechner, den fast jede Marktfrau heute benutzt.

Aus einer Gruppe ehemaliger Ausgebeuteter ist eine neue, selbstbewußte Schicht geworden, die man als „Klasse von Zwischenhändlern“ bezeichnet hat. Doch diese spezifisch bolivianische Mittelschicht drängt auch auf anderen Gebieten nach vorne. In der Politik (und da in allen Parteien), an den Schulen und Universitäten, in Presse, Kunst und Literatur nehmen Umfang und Gewicht dieser „Klasse auf halbem Wege“ ständig zu. Aus dem Volk und seiner traditionellen Kultur kommend, vom Land in die Stadt drängend, sind die Cholos zur dynamischsten sozialen Gruppe der bolivianischen Gesellschaft geworden.

5. *„El campo" und die Indios*

Eine typische Szene auf dem Markt einer größeren Stadt in Bolivien: Ein Lastwagen, der in die Provinz fährt, wird beladen. Trotz des scheinbaren Chaos ist alles genau organisiert. Der Lastwagen fährt am angekündigten Tag von einer angekündigten Ecke ab, wer will, kann sogar den besten Platz (im Führerhäuschen neben dem Fahrer) im voraus reservieren. Beim genauen Abfahrtstermin allerdings hört die Präzision auf. Schon ab sieben Uhr früh kommen die ersten Reisenden, obwohl bekannt ist, daß der Lastwagen nie vor 12 Uhr mittags losfährt. Aber die Indianer sind es gewöhnt, zu warten – das tun sie seit Jahrhunderten.

Zuerst werden die Waren und das Gepäck aufgeladen. Kisten, Säcke mit Reis, Zucker oder Mehl, Blöcke von gepreßtem Salz, Gasflaschen, riesige Kleiderbündel für den Verkauf. Auch Tiere sind nicht selten: Hühner, ein Schweinchen, manchmal ein Lamm. Obendrauf kommen die Menschen, eingepfercht und abgestützt durch Kästen mit leeren oder vollen Flaschen und Kanistern mit Kerosin. Als Krönung vielleicht noch ein Fahrrad.

Der Weg ist lang, die Geschwindigkeit liegt bei etwa 25 Kilometern pro Stunde. Stoisch ertragen die Reisenden die Unbequemlichkeiten, die Enge, das Rumpeln, den kalten, scharfen Wind. Zehn, zwanzig Stunden dauert für manche die Reise. Immer wieder hält der Lastwagen, wird ab- und aufgeladen, kommen neue Leute hinzu. Man rückt noch mehr zusammen. Wenn der Wagen den Titicaca-See erreicht, gibt es sicher jemanden, der mit einer Kiste streng riechender Fische zusteigt und sie an die Schultern seines Nachbarn lehnt. Aber niemand regt sich auf, es gibt Schlimmeres.

Für „Gringos", d.h. Leute aus den reichen Ländern, ist eine solche Fahrt (etwa von La Paz an den Titicaca-See) wie eine

Reise in die Vergangenheit. Man sieht die Siedlungen, die Ansammlungen kleiner Häuschen aus Adobe (Lehmziegeln), wie sie schon zu den Zeiten der Inkas gebaut wurden. Man sieht die Indios (oder Campesinos, wie sie heute meist genannt werden) das Land so bearbeiten, wie sie es seit Jahrhunderten gemacht haben, für den Inka, für die Kolonialherren, für die Latifundisten. Die Besitzverhältnisse haben sich geändert, aber der Verdienst ist auch heute gering, und wenn jemand Gewinn macht, dann ist es der Händler aus der Stadt. Es wird noch immer mit der Hand gearbeitet und mit einfachsten Geräten, beim Pflügen werden Ochsen eingespannt.

Seit der Agrarreform 1953 sind die meisten Campesinos Besitzer ihres Landes geworden. Doch die Parzellen sind klein und werden durch die Erbteilungen immer kleiner. Der Boden ist oft steinig und trocken, eine Erleichterung der Arbeit durch Mechanisierung gibt es in den seltensten Fällen. Es fehlt noch immer an wirksamen Hilfen. Von den Politikern ist die Campesino-Landwirtschaft – ungeachtet der großen Worte – weitgehend vernachlässigt worden. Die Unterstützung und die Kredite der Agrarbehörden kamen im wesentlichen den Großbetrieben des Agrobusiness zugute. In den 70er Jahren erhielten zum Beispiel die Kleinbauern – und das waren nicht weniger als 90% der in der Landwirtschaft Beschäftigten – von der Gesamtsumme aller in die Landwirtschaft geflossenen Kredite ganze 3,5 %. Erst seit Beginn der 90er Jahre gibt es Institutionen, die sich um Kleinkredite für Campesinos bemühen.

Die Vernachlässigung ist in allen Bereichen zu spüren. Nirgends in Bolivien ist die Kindersterblichkeit so groß wie auf dem Land (Schätzungen sprechen davon, daß bis zu 25% der Kinder im ersten Lebensjahr sterben). Eine wirksame Gesundheitsfürsorge existiert so gut wie nicht. Die Schulen sind oft ärmlichst ausgestattet, manchmal fehlen sogar die Bänke. Die Lebensverhältnisse der großen Mehrheit der bolivianischen Indios (und das sind etwa 60% der Gesamtbevölkerung) sind auch heute noch fast archaisch, geprägt von Monotonie, Härte und Armut. In den wenigsten Orten gibt es Strom oder gar fließendes Wasser, Kanalisation oder sanitäre Einrichtungen.

Abb. 10: Die häufigste Form des Reisens in Bolivien: Mit Kind und Kegel hinten auf dem Lastwagen

In den Häuschen, die meistens aus drei kleinen Räumen bestehen – Schlafraum, Lagerraum, Küche – stehen kaum Möbel. Man schläft auf dem Boden oder in Betten, die aus Adobe gemacht sind. Gekocht wird auf einer offenen Feuerstelle nicht selten mit Lamamist. Das Essen ist sehr einfach: Kartoffeln oder Suppen aus den wenigen Hochlandgewächsen, weiter unten in den Tälern ist Mais das Grundnahrungsmittel. Durch den Handel sind in den letzten Jahren auch Reis und Nudeln auf den Speiseplan gelangt. Reichhaltiger oder gesünder ist das Essen damit gewiß nicht geworden. Eier, Geflügel und Obst sind selten. Schweine- oder Hammelfleisch gibt es nur an Festtagen, gelegentlich auch Meerschweinchen (cuy), die in jeder Küche auf dem Land herumlaufen. Frische Milch gibt es – abgesehen von der Muttermilch – fast nie. Durch den Anschluß an den Markt ist Milchpulver in Mode gekommen, was aber – wer kocht schon Wasser ab? – eine höchst zweifelhafte Errungenschaft ist.

Bis zu einem gewissen Grad ist die indianische Welt mit ihren Traditionen, ihren Produktions- und Handelsformen, ihrem Glauben und ihren Ritualen bis heute eine Welt für sich geblieben. Eine Welt, von der viele Bolivianer – zumal die aus der Oberschicht – nichts wissen, die sie nicht verstehen, die ihnen fremd ist, die sie einfach ignorieren. Der Katholizismus auf dem Lande hat wenig mit dem in der Stadt zu tun. Denn wenn auch die meisten Indios getauft sind, so verstehen sie die Religion doch in ihrem eigenen, von ihren alten Traditionen geprägten Sinn. Die Heiligen der katholischen Kirche sind verschmolzen mit den alten Göttern. Der Glaube an „Hexer", „Weise" und „Heilerinnen", die die uralten Riten und das Wissen der traditionellen Medizin mit ihren Kräutern und Beschwörungen aufrechterhalten, ist fast ungebrochen. Der katholische Priester des Dorfes wird eher als ein weiterer „yatiri" (Hexer) angesehen, zuweilen freilich als der gefürchtetste und mächtigste von allen.

Eine herausragende Stellung in ganz Südamerika nehmen die „Callawayas" aus der abgelegenen Gebirgsregion nordöstlich des Titicaca-Sees ein. Sie sind die berühmtesten Naturheiler des Kontinents und die wichtigsten Träger der alten andinen Heilkunst.

Wenn die Armut und Abgeschiedenheit sowie das Weiterbestehen alter Traditionen auf dem Land und die Ignoranz vieler Städter alldem gegenüber zu dem Schluß verleiten würde, diese verschiedenen Gesellschaften hätten nichts miteinander zu tun, so stimmt das heute ebensowenig wie es zur Zeit des Kolonialismus gestimmt hat. Denn natürlich gibt es Verbindungen zwischen der indianischen Welt und dem Modernen, zwischen dem „campo" (dem Land) und der Stadt. Fast jeder Campesino hat Verwandte, die in die Stadt gezogen sind und die er gelegentlich besucht. Und vor allen Dingen gibt es die „feria", den dörflichen Campesino-Markt, eines der wichtigsten Scharniere der Verbindung von Stadt und Land. Hier treffen Indios und Leute aus den Städten regelmäßig zusammen. Markt ist in jedem Dorf einmal pro Woche. Dazu gehören die professionellen Händler, die mit ihren Lastwagen von

Feria zu Feria fahren, ebenso wie die Kleinbauern aus dem jeweiligen Ort und der Umgebung. Und dazu gehören Geselligkeit, Essen und Trinken, Schwatz und Unterhaltung. Improvisierte Garküchen und Glücksspiele, Ausschank von Getränken und Tischfußball machen den Markttag immer auch zu einem Festtag. Meistens findet als Höhepunkt ein Fußballspiel statt.

Die Geschäfte laufen in verschiedenen Formen ab. Zum einen – vor allem unter den Campesinos – existiert noch der einfache Tauschhandel ohne Geld. Zum anderen gibt es den Kauf und Verkauf mit Bargeld oder auch auf Kredit. Häufig wird dabei ein Taschenrechner benutzt. Wenn ein schlauer Städter meint, er könne bei diesen Geschäften die Indios leicht übers Ohr hauen, so wird er bald eines Besseren belehrt. Viele der Campesinos mögen vielleicht nicht oder schlecht lesen und schreiben können (bis heute gilt bei Indianern das gesprochene Wort ohnehin mehr als das geschriebene) – rechnen können sie alle. Und selbst über den aktuellen Kurs des Dollars wissen sie Bescheid. Es ist nicht der individuelle Betrug des einzelnen Zwischenhändlers, der die Indianer weiterhin zu Ausgebeuteten macht. Es ist das System insgesamt, das die ländlichen Kleinproduzenten benachteiligt, indem es ihre Arbeitskraft grundsätzlich unterbewertet. Es ist die Einbindung in einen Markt, in dem sie von vorneherein die Verlierer sind. Und es ist die Modernisierung, die letzten Endes nur eine Modernisierung des Elends ist.

Die entscheidende Rolle auf der Feria spielen die Zwischenhändler. Sie sind es, die die Indianer mehr und mehr in den nationalen Markt miteinbeziehen, indem sie auf der einen Seite deren Produkte kaufen und in die Stadt bringen und auf der anderen Seite moderne Waren im Dorf verkaufen. In gewissem Sinne sind die Zwischenhändler zu den neuen Herren der Campesinos geworden – und nicht selten gibt es Reibereien mit ihnen. Die Ausbeutung der Indianer hat neue Formen angenommen: modernere, effizientere, verfeinerte. Die Tragik vieler indianischer Dörfer besteht darin, daß häufig die eigenen, in die Stadt abgewanderten Söhne und Verwandten die Agenten dieser Ausbeutung sind.

Über die Ferias und über die Zwischenhändler dringt die Modernisierung immer mehr in das indianische Leben ein. Es ist ein ökonomischer ebenso wie ein kultureller Prozeß. Heute werden auf jedem noch so abgelegenen Markt die letzten Neuheiten aus der Stadt verkauft. Kunstfasern und Anilinfarben (häufig von Bayer) ersetzen Stück für Stück die Naturgewebe und Naturfarben des alten ländlichen Handwerks und lassen es fast in Vergessenheit geraten. Plastikeimer und Hostalen-Schüsseln, Sandalen aus alten Autoreifen, Radios und Kassettenrecorder sind fester Bestandteil jedes typischen Indiomarktes geworden. Und die typische Kopfbedeckung der Indianer ist seit einigen Jahren die Baseballmütze aus Plastik, die besonders beliebt ist, wenn sie einen Schriftzug mit Coca Cola, BMW oder Texaco hat.

Die indianische Welt ist unter dem Einfluß der Modernisierung im Begriff, sich grundsätzlich zu wandeln. Sie ist in zunehmendem Maße mit Phänomenen konfrontiert, die viele der traditionellen Lebensweisen (die freilich keineswegs alle immer befriedigend waren) verdrängen. Das Hauptproblem des Neuen, das da einbricht, besteht darin, daß es in den seltensten Fällen eine eigene Entwicklung zuläßt, sondern sie eher verhindert. Es ist in vielen Fällen ein Ersatz, der auf lange Sicht die Lebensgrundlagen der indianischen Gesellschaft zerstört, weil eine befriedigende Eingliederung in das neue System nicht möglich oder nicht gewünscht ist. Das bedeutet auf der ökonomischen Ebene Abhängigkeit und neue Ausbeutung, auf der psychologischen Ebene Entfremdung und Verlust der kulturellen Identität und auf der sozialen Ebene den Verfall von Familien-, Dorf- und Gemeinschaftsstrukturen.

Daß es sich bei all diesen Wandlungen um einen schleichenden Prozeß handelt und viele der alten Traditionen trotz aller Verkrümmungen der Entwicklung weiterleben, dafür sind die „fiestas" auf dem Lande das beste Beispiel. Mancher mag sie als ein Aufbäumen gegen das ewige Schicksal der Armut empfinden oder als eine der wenigen Möglichkeiten, der Eintönigkeit des Lebens auf dem Lande zu entfliehen. Aber vielleicht sind das nur Interpretationen aus „moderner" Sicht.

Jedes Dorf hat seine Haupt-Fiesta – meist zu Ehren des jeweiligen Schutzpatrons. Das katholische Kirchenjahr bietet darüber hinaus noch eine Reihe weiterer Möglichkeiten zu feiern an, aber damit ist der Einfluß der Kirche auch schon fast vorbei – im wesentlichen sind die Fiestas bestimmt von den religiösen Vorstellungen der Indios. Für einige Tage werden Riten und Konzepte belebt, die auf den Beobachter den Eindruck des Orgiastischen machen. Die profane Welt scheint vergessen, in bunten, phantastischen Kostümen wird getanzt, gefeiert, gegessen und getrunken in einem Maße und mit einer Euphorie, die etwas Magisches hat. Zu den Veranstaltungen gehören manchmal regelrechte organisierte Schlachten, bei denen sich die Mitglieder der „comunidad" in einer Art sportlichem Krieg derart wild bekämpfen, daß es mitunter Tote gibt. Dieser „thinku" ist ein Ritus, der sich vielleicht am ehesten mit den mittelalterlichen Turnieren vergleichen läßt.

Ein anderer Ritus besteht darin, daß ein Mitglied des Dorfes dazu bestimmt wird, den „danzante", d.h. den Geist des Festes, zu verkörpern. Nachdem er ein Jahr lang von allen Bewohnern verhätschelt und verwöhnt worden ist, muß der Erwählte dann die ganze Fiesta über ohne Unterbrechung tanzen, trinken, essen und lieben: er wird zur Personifizierung der Lust und der Ekstase. In manchen Fällen kann es passieren, daß der Mann schließlich ein Opfer seines exzessiven Vergnügens wird und stirbt.

Die Fiesta ist der Ausgangspunkt vieler Romanzen und Verbindungen im Dorf. Die indianische Ehe hat ihre Besonderheiten. Vor der Hochzeit gibt es eine Probezeit, den „sirviñacuy", in der das Paar zusammenlebt, um herauszufinden, ob es sich versteht. Fällt die Probe negativ aus, kehren beide in ihre Familien zurück, ohne daß es große Dramen oder einen Skandal gibt. Die indianische Gesellschaft kennt weder die Stigmatisierung von Nicht-Jungfrauen noch von Frauen, die uneheliche Kinder haben.

Natürlich geht es auf den Fiestas auch um Geschäft und Prestige. Bezahlt und organisiert werden die Feste von den „pasantes" und „prestes". Meistens sind diese Personen aus dem Dorf oder der Umgegend und haben oft jahrelang gespart, um dann ihr gesamtes Vermögen in die Ausrichtung der Festlichkeit zu stecken. Finanziell sind sie danach erst einmal arme Leute, aber das Ansehen, das sie durch die Finanzierung des Festes gewonnen haben, ist auch eine Investition. Richtig genutzt kann es in dem Geflecht von Gevatter- und Patenschaften, von Beziehungen und Verbindungen sehr bald Gewinn bringen. Wer einmal „pasante" oder „preste" war, den wird die Gemeinschaft nicht im Elend sterben lassen. In früheren Zeiten war die Fiesta ein regelrechtes soziales Steuerungssystem, um allzu großen Reichtum einzelner Gemeindemitglieder zu verhindern und für regelmäßigen Ausgleich zu sorgen, indem der jeweils Reichste wenigstens für eine Zeit armgefeiert wurde. Ob dieses System heute noch funktioniert, muß bezweifelt werden. Mitunter sind es jetzt sogar die Zwischenhändler, die sich als Ausrichter der Fiestas zur Verfügung stellen, um dabei neue Abhängigkeiten zu schaffen und kleine lokale Monopole zu organisieren.

Ganz direkt profitieren von den Fiestas jene Geschäftsleute, die die Ausstattung liefern. Das sind zum Beispiel die Kostümverleiher und -hersteller. Einer der reichsten und mächtigsten Männer des Marktes von La Paz ist der Besitzer eines Trachten- und Kostümverleihs, der das ganze Land beliefert. Seit Bier zum wichtigsten alkoholischen Getränk auf dem Lande geworden ist (die Chicha, der aus Mais gebraute klassische Trank der Inkas, ist im Hochland auf dem Rückzug), machen auch die Brauereien gute Geschäfte mit den Campesinos. Es ist kein Zufall, daß sie zu den wenigen bolivianischen Industrien gehören, die nie finanzielle Schwierigkeiten gehabt haben.

Wenn die Euphorie verweht und der Rausch ausgeschlafen ist, beginnt für die Indios wieder der rauhe, harte Alltag. Sie kehren zurück auf ihre kleinen Felder, zu ihrer Arbeit, die gerade zum Überleben reicht oder nicht mal das. Die Abwanderung aus den „comunidades", der Zug vom Land in die Stadt ist auch für Bolivien kennzeichnend, wenn auch die Migration noch nicht das Ausmaß wie in anderen südamerikanischen

Ländern angenommen hat. Doch die „Auslaugung der Hinterländer" – fast immer sind es die jungen und dynamischen Kräfte, die abwandern – vergrößert auch in Bolivien die Ungleichgewichte in der Gesellschaft. Da eine positive Entwicklung im ländlichen Bereich nicht abzusehen ist, erscheint die Stadt als einzige Möglichkeit, weiterzukommen.

Die Beteiligung der Indios am nationalen politischen Leben war lange Zeit gleich Null. Politik wurde von Kreolen und Mestizen gemacht. Der Indios erinnerte man sich nur, wenn man sie brauchte, wie im Bürgerkrieg Ende des letzten Jahrhunderts oder im Chaco-Krieg. Auch nach der Revolution 1952 wurden die Indianer keineswegs zu Trägern der Politik. Die Erlangung des Stimmrechts machte sie allerdings zu einer attraktiven und bedeutenden Gruppe der Wählerschaft.

In den Allianzen und Pakten mit anderen Schichten, Gruppen, Parteien und Organisationen wurden die indianischen Bauern zumeist eher benutzt, als daß sie profitierten. Oft kam es darüber hinaus innerhalb der sich entwickelnden Bauernbewegung zu Spaltungen und Fraktionskämpfen. Manche der Organisationen arbeiteten mit den Diktaturen zusammen, andere schlossen Bündnisse mit der Oppositions- und Arbeiterbewegung und wurden wie sie verfolgt. Die vor allem in den 70er Jahren gegründeten Bauern- bzw. Indioparteien konnten das Problem der Zersplitterung der Campesinobewegung nicht lösen – im Gegenteil. Die ideologischen Differenzen – das Spektrum reichte von rassistischen und folkloristischen Vorstellungen bis zu sozialistischen Konzepten – führten ähnlich wie in der übrigen bolivianischen Parteienlandschaft zu Sektierertum. Erfolgreicher war und ist die gewerkschaftliche Orientierung der Campesinos. Mit der 1979 gegründeten Einheitsgewerkschaft der Landarbeiter und Bauern Boliviens CSUTCB, die sich sehr bald dem bolivianischen Gewerkschaftsdachverband COB anschloß, ist eine Bewegung entstanden, die auf lange Sicht vielleicht imstande ist, den „schlafenden Riesen", wie man die Indios oft genannt hat, zum Erwachen zu bringen und ihnen einen gerechten Platz in der bolivianischen Gesellschaft zu erkämpfen.

6. *Die Militärs: Eine Klasse für sich*

Als am 17. Juli 1980 der Armeegeneral Luis García Meza putschte und die verfassungsmäßige Interimspräsidentin Lidia Gueiler absetzte, begann für Bolivien eine der schlimmsten Diktaturen seiner Geschichte. Das Land hat schon viele und auch längere Militärdiktaturen erlebt, doch nie ist die Repression so schlimm gewesen. Ausgangssperre und Zensur, nicht nur der Presse, sondern auch der privat geäußerten Meinung, waren dabei noch die leichteren Maßnahmen. Es wurde ein Regime der Morde, Folterungen, Massaker, Bespitzelung und Konzentrationslager. Wer ins Exil fliehen konnte, durfte sich fast glücklich schätzen. Der neue Präsident, obwohl als Staatsmann mehr als schwerfällig, zeigte sich ausgesprochen wendig, wenn es um Unterdrückung, Raub und seine Bereicherung auf Kosten des Staates ging. Bolivien wurde unter García Meza zu einem Selbstbedienungsladen für den Diktator und seine Clique.

Der Militärputsch vom Juli 1980 war nicht der erste in der Geschichte Boliviens und er wird wohl nicht der letzte sein. Die Rückkehr zur Demokratie bedeutet auch nicht das Ende der Macht der Militärs. Bolivien ist seit seiner Gründung von 57 Präsidenten regiert worden (und nicht, wie immer wieder zu hören ist, von über 150). 30 davon waren Militärs, 9 allein in den letzten 30 Jahren. Obwohl García Meza wegen seiner Verbrechen 1986 vor Gericht gestellt wurde (seit 1987 ist er flüchtig), hat das Militär im Lande nichts von seinen Privilegien verloren. Der nach dem Schuldendienst und der Erziehung drittgrößte Haushaltstitel des Staates (10 %) geht an die Armee. Es gibt eine Militäruniversität, das beste Krankenhaus des Landes ist das Militärhospital. Es gibt duty-free-shops für das Militär, und ein Unterleutnant verdient achtmal soviel wie ein Minenarbeiter.

Es ist, als bezahle das Land heute die Militärs dafür, daß sie es mal für eine Weile in Ruhe lassen. Dieses System ist nicht neu. Schon die Caudillos des vergangenen Jahrhunderts begannen mit der Einführung sehr guter Gehälter für die Soldaten, um sich deren Loyalität zu kaufen. Nur waren die meisten dieser Caudillos selber Militärs.

Die Figur des Caudillos, der aus dem Schoße der Armee kommt, ist eine immer wiederkehrende Erscheinung in der lateinamerikanischen Geschichte, die aus der Zeit der Republiksgründungen datiert, als die staatlichen Institutionen so schwach waren, daß diejenigen, die ein paar Bajonette hinter sich hatten, am meisten auftrumpfen konnten und so schnell zu Chefs und Führern wurden.

Sicher ist das militärische Leben ein idealer Nährboden für das Heranwachsen von Caudillos und Putschisten. In den Kasernen beschäftigt man sich seit jeher am liebsten mit Eroberungen (ob es nun ein fremdes oder das eigene Land ist). Dort kann man am besten Aktionen planen, gehorsame, schlagkräftige Gruppen zusammenstellen, dort hat man die Waffen, die Infrastruktur und die Logistik gleich bei der Hand und von dort kann man überraschend und ohne ermüdende Diskussionen gezielt und koordiniert losschlagen. Wie chaotisch, riskant und mühselig ist dagegen ein Volksaufstand!

Die meisten Caudillos der bolivianischen Geschichte bis zum heutigen Tage sind aus den Kasernen gekommen. Manchmal waren es charismatische Persönlichkeiten, manchmal waren sie nur schrecklich. Die Liste reicht von Belzú über Busch zu Barrientos und Banzer. Kriege hat das bolivianische Militär noch nie gewonnen. Die beiden großen internationalen Auseinandersetzungen, der Salpeter- und der Chaco-Krieg, endeten jeweils in einer Katastrophe für das Land. Legten die Militärs nach der ersten Niederlage noch eine Schamfrist ein, so kehrten sie nach der zweiten direkt vom Schlachtfeld in die nationale Politik zurück und wurden schnell ein entscheidender politischer Faktor. Seit jener Zeit ist Bolivien die politisierenden Generäle und Leutnants nie mehr richtig losgeworden. Auch die MNR-Revolution, die sie eine Weile in Quarantäne zu setzen vermochte, fiel ihnen schließlich zum Opfer. In den 18 Jahren nahezu ununterbrochener Militärherrschaft nach der MNR-Zeit etablierten sich die

Streitkräfte in Bolivien als eine Art neuer Herrschaftskaste, die die politischen Richtungskämpfe unter sich austrug. Waren sie früher zumeist im Interesse der Oberschicht aktiv gewesen oder – nach dem Chaco-Krieg – als militär-populistische Spitze der kleinen städtischen Mittelschicht, so kämpften die Militärs nun immer mehr für ihre eigene Gruppe. So unterschiedlich die Positionen der einzelnen Generäle dabei auch sein mochten, der eigene Wohlstand und die Privilegien ihrer Institutionen waren ein zentrales Anliegen aller Präsidenten in Uniform. Daß es dabei zu Allianzen mit den verschiedensten Gruppen der Gesellschaft kam, die von den Bauern (Barrientos) über die Arbeiter (Torres) bis zur Oligarchie des Oriente (Banzer) und der Drogenmafia (García Meza) reichten, war für die Politik erst in zweiter Linie bedeutend. Die Fäden wurden in den Kasernen gezogen, nicht Wahlen bestimmten die Richtung der Politik, sondern Putsch und Gegenputsch.

Das Phänomen der Militärdiktaturen war in den 60er und 70er Jahren keineswegs auf Bolivien beschränkt. Nahezu alle südamerikanischen Länder wurden in dieser Zeit von Generälen regiert und dabei zumeist offen von den USA unterstützt. Erst in den 80er-Jahren änderte sich dieses Bild.

Die politischen und ökonomischen Hoffnungen, die der „Große Bruder" auf das „autoritäre Modell" in den Staaten des Südens gesetzt hatte, zerstoben in den 80er Jahren. Die Militärs scheiterten und zogen sich – zumeist aus eigener Einsicht in ihre Unfähigkeit, die Probleme des Landes zu lösen – zurück. Eine Welle von Redemokratisierung erfaßte den Subkontinent. Aber alle Länder – auch Bolivien – tragen schwer an der Last, die ihnen die Generäle hinterlassen haben. Der Preis für die Rückkehr zur Demokratie war in den meisten Fällen eine völlig zerrüttete Wirtschaft.

Es gibt eine allgemeine Wehrpflicht in Bolivien. Sie dauert ein Jahr und beginnt mit dem 19. Lebensjahr. Sie wird mit sehr unterschiedlichen Augen betrachtet. Für die jungen Männer vom Lande bedeutet sie das große Abenteuer, die Möglichkeit, der Monotonie ihres Lebens zu entkommen, zu „Männern" zu werden, möglicherweise sogar etwas zu lernen. Für die meisten Städter ist der Militärdienst nichts anderes als verlorene Zeit. Die Söhne der oberen Schichten finden das Militär weder reizvoll noch sehen sie es als eine Ehre an, darin zu dienen. Außerdem riskieren sie, von den Unteroffizieren besonders drangsaliert zu werden. Die Armee ist keine Institution der Oberschicht. So versuchen die meisten der „höheren Söhne", dem Wehrdienst zu entgehen, was aufgrund familiärer Beziehungen immer möglich ist.

Da es ohnehin nicht genügend Plätze gibt, regt dies die Militärs nicht weiter auf. Das bolivianische Heer ist nicht sehr groß. Es wäre wohl kaum in der Lage, sich mit welchem seiner Nachbarn auch immer auf eine bewaffnete Auseinandersetzung einzulassen. Selbst die Drogenmafia fürchtet diese Streitkräfte wenig. Das Land zu schützen oder Unheil von ihm fernzuhalten, war allerdings nie die Hauptaufgabe des bolivianischen Militärs. Fast immer in der Geschichte diente es in erster Linie dazu, das eigene Volk zu unterdrücken.

7. Die Kirche

Copacabana ist der meistbesuchte Wallfahrtsort Boliviens. Die Jungfrau der Candelaria, die in Copacabana verehrt wird, ist das bedeutendste Symbol des Katholizismus im Lande. Seit sie 1582 geweiht wurde, befindet sich diese Marienfigur am selben Ort.

Das ganze Jahr über wird Copacabana von Pilgern aller Art besucht. Fast alle Autos aus La Paz, sei es aus erster oder zweiter Hand, sind hier getauft worden. Jeden Tag stehen vor der Wallfahrtskirche Schlangen von Lastwagen, Bussen und Privatautos, die verschwenderisch geschmückt mit Girlanden, Heiligenbildern und Papierblumen auf die Segnung warten.

Die „virgen" von Copacabana, die auch Königin von Bolivien genannt wird, ist Generalin der Polizeitruppen, Ehrenvorsitzende von Gewerkschaften und Kooperativen. Sie ist so populär, daß die Geschenke, die sie im Laufe der Jahrhunderte von ihren Verehrern bekommen hat, zu einem der größten Schätze des Landes geworden sind.

Paradoxer- aber auch bezeichnenderweise verkörpert dieses große Symbol des Katholizismus gleichzeitig einen der ältesten Mythen der Indianer des Titicaca-Sees. Lange vor der Ankunft der Spanier gab es an jener kleinen hübschen Bucht des Sees, wo heute Copacabana liegt, ein Heiligtum für einen Gott namens Copac cawana, was soviel wie „der das Blaue hütet" bedeutet. Aufgabe dieses Gottes war es, aufzupassen, daß es auf dem See nicht stürmt. Sein Tempel war anscheinend genau an der Stelle, wo sich heute die Kirche der Jungfrau befindet, und es ist sicherlich kein Zufall, daß die Jungfrau heute auf einem Altar mit Blick auf den See steht und nun ihrerseits dafür sorgen kann, daß die Wasser ruhig und friedlich bleiben.

Die Überlagerungen von indianischen und europäischen Glaubenselementen und Heiligen ist für Bolivien typisch. Die Jungfrau Maria ist eine neue Darstellung der Pachamama, der indianischen Mutter Erde, Santiago (der Schutzheilige der Konquistadoren) ist Illapa, der Gott des Blitzes, und San Martin de Tours wird als der lokale Gott Tata Sabaya verehrt. Die Verehrung von Pachamama und von Achachila, dem „Geist des Hauses", gehört in Bolivien, wo 96% der Bevölkerung katholisch getauft sind, zum Alltäglichen. Allein in La Paz werden pro Woche etwa 2000 Fötusse von Lamas und Schweinen für religiöse Zwecke verkauft.

Die katholische Kirche hat in Bolivien nie eine so bedeutende Rolle wie in anderen Ländern Lateinamerikas gespielt. Schon in den ersten Jahren der Republik wurde ihr Einfluß stark beschränkt. 1933 zeigte sich ihre Machtlosigkeit, als sie weder das Recht auf Scheidung noch die Zivilehe verhindern konnte.

Für den einzelnen Bolivianer ist der Katholizismus ein Teil der Kultur, seine Freiheit läßt er sich durch die Kirche nicht einschränken. Die meisten Bolivianer sind Wochenendkatholiken oder vielleicht noch weniger: Katholiken bei Hochzeits-, Tauf- und Kommunionszeremonien. Mit den Empfehlungen des Vatikans verfährt man so wie früher mit den Gesetzen des Vizekönigs: Sie werden beachtet, aber nicht befolgt. Wenn es in Bolivien keine Geburtenkontrolle gibt, dann ist das nicht ein Ergebnis übertriebener Religiosität, sondern der Mangel an Information und an finanziellen Mitteln.

In der Politik spielt die Kirche eine ganz besondere Rolle. Gerade weil sie so machtlos ist, wuchs sie in eine außerordentlich wichtige Vermittlerrolle hinein und hat in vielen Konflikten den Weg für eine Lösung geebnet. So spielte sie eine bedeutende Rolle beim Übergang von der Diktatur zur Demokratie 1982 und im Dialog zwischen den Gewerkschaften und der Regierung in den großen Auseinandersetzungen 1985/86.

Auch wenn extrem konservative kirchliche Organisationen wie Opus Dei ihre Vertreter in Bolivien haben, so sind doch fortschrittliche Positionen, wie etwa die der Theologie der Befreiung, weitaus bedeutender. Der höhere bolivianische Klerus hat eine mittlere Position, die als gemäßigt fortschrittlich bezeichnet werden könnte. Die Tageszeitung Presencia, die von der Bischofskonferenz finanziert wird, ist das Organ dieser Position und wohl das wichtigste und größte Meinungsblatt in La Paz.

Die Vergangenheit der katholischen Kirche ist in Bolivien, wie im gesamten Lateinamerika, eine eher düstere Angelegenheit. Als wichtigste Institution der Konquista war die Kirche mitverantwortlich für die Grausamkeit und Unterdrückung von Jahrhunderten. Mit ihrem versöhnlichen Reformkurs, für den sie heute eintritt, ist sie der bolivianischen Gesellschaft sicherlich von größerem Nutzen.

X. Wirtschaft

Ein klares Bild der bolivianischen Wirtschaft zu zeichnen, stößt auf viele Hindernisse. Die Analyse der ökonomischen Probleme eines Landes der Peripherie, in dem sich ein kapitalistisches System (oder genauer gesagt, das System des abhängigen Kapitalismus) mit archaischen Wirtschaftsformen mischt, ist kompliziert und beschäftigt seit Jahren Theoretiker und Politiker. Statistiken sind rar und helfen wenig. Zwar gibt es in Bolivien ein nationales statistisches Institut, aber die dort veröffentlichten Zahlen sind nur von bedingtem Wert. Viele Informationen werden nicht erfaßt. In vielen Fällen – vor allem auf dem Land – ist eine Erhebung schon deshalb nicht möglich, weil keine schriftlichen Daten vorliegen. Genauere Untersuchungen können aus Geldmangel nicht durchgeführt werden. Ein wesentliches Kennzeichen der bolivianischen Ökonomie ist die „Schattenwirtschaft".

Wie in allen anderen Ländern hat in den letzten Jahren auch in Bolivien der Computer Einzug gehalten. Damit werden die wirtschaftlichen Statistiken und Berechnungen langsam präziser. Ob die Modernisierung in diesem Bereich der Politik es vermag, die strukturellen Probleme des Landes zu lösen, wird die Zukunft zeigen.

Seit der Kolonialzeit war Bolivien ein Land der Monoproduktion. Die Ausfuhr beschränkte sich im wesentlichen auf die mineralischen Rohstoffe, was letztlich sowohl im wirtschaftlichen wie im politischen Bereich zu jenen Deformationen führte, die man als „Entwicklung der Unterentwicklung" bezeichnet hat. Bis zur Mitte dieses Jahrhunderts erbrachte der Export von Erzen 90% der Devisen des Landes. Seit den 70er Jahren verringerte sich der Anteil des Bergbaus am Export jedoch Stück für Stück und wurde Mitte der 80er Jahre sogar vom Erdgas überholt. Seit 1987 aber sind die Mineralien wieder wichtigstes Exportprodukt.

Wie alle rohstoffproduzierenden Länder der Dritten (oder Armen) Welt litt und leidet Bolivien an der Verschlechterung der „terms of trade", dem Austauschverhältnis der Produkte zwischen den reichen und den armen Ländern. Der Wert der Rohstoffe gegenüber den importierten Fertigwaren ist stetig gesunken, und diese Tendenz hält (von wenigen Ausnahmen und gelegentlichen Schwankungen abgesehen) weiter an. Die Importe aus den Industrieländern, die für die Entwicklungsländer heute eine traurige Notwendigkeit geworden sind, werden immer teurer. Die Integration in den Weltmarkt – von den Industrieländern seit dem Zweiten Weltkrieg mit Eifer betrieben – führte per saldo zu einer Verarmung der „unterentwickelten Länder". Sie sind nicht unterentwickelt, sie wurden unterentwickelt. Der Aufbau einer sich selbst versorgenden Wirtschaft und Industrie erscheint für die wenigsten noch möglich. Die Abhängigkeit wächst.

Inflation

Die 80er Jahre wurden zu der vielleicht bewegtesten wirtschaftlichen Dekade in der Geschichte Boliviens. García Meza und seine Militärregierung hatten weder die Unterstützung der USA noch die der Bevölkerung. Sie verloren die Kontrolle über die Wirtschaft. Ein paralleler Wechselkurs entstand, die nationale Währung fiel gegenüber dem Dollar auf ein Zehntel ihres Wertes: das Chaos war da. Die im Oktober 1982 wiederhergestellte Demokratie änderte zunächst nichts an dieser Situation. Die Inflation wurde zum Alptraum der folgenden Jahre der Regierung Siles Zuazo.

Ab 1981 begann der Peso eine Talfahrt, die innerhalb von wenigen Jahren zu der höchsten Inflationsrate der Welt führte. 1985 erreichte sie 14000% jährlich. Gleichzeitig fiel der Wert des Peso zum Dollar in einem ähnlichen Ausmaß. War der Kurs im Juni 1981 noch 24 Pesos pro Dollar gewesen, so mußte man im Februar 1986 2,6 Millionen bezahlen. Es kam zu immer größeren Verzerrungen des Wirtschaftsgefüges. Besonders enttäuschend für viele Wähler war, daß die Maßnahmen einer linken Regierung in fast allen ihren Auswirkungen die Reichen reicher machten und die Armen ärmer. Die beim Staat verschuldeten Privatunternehmer nutzten zuhauf die Gelegenheit, ihre Kredite unter Ausnutzung der Inflation mit einem Bruchteil der ursprünglich geliehenen Summen zurückzuzahlen. Das Kapital wurde von den Banken abgezogen. Die Spareinlagen verringerten sich in kurzer Zeit von 600 auf 10 Millionen Dollar. Das Vertrauen der Bolivianer in ihre eigene Währung verschwand. Jeder, der Pesos hatte, beeilte sich, sie umzuwechseln. Der Effekt der geplanten Entdollarisierung war eine fast völlige Dollarisierung der Wirtschaft, an der nur Spekulanten und die ohnehin Begüterten verdienten.

Für die breiten Massen, insbesondere die Lohn- und Gehaltsempfänger in den Städten, brachte die Inflation einen ständigen Verlust der Kaufkraft. Am Ende der Regierungszeit der UDP war der reale Wert der Löhne auf ein Viertel bis ein Fünftel gesunken. Der Staat selbst verlor entsprechend an Einnahmen. Das Steueraufkommen sank auf 1% des Bruttoinlandsproduktes.

Der Regierung Paz Estenssoro gelang es ab 1985, die Inflation zu stoppen. 1986 betrug sie nur 6%, und bis 1991 ist sie nie über 15% gestiegen. Allerdings waren die sozialen Kosten dieser ökonomischen Stabilität extrem groß. Mit den harten, vom IWF auferlegten Bedingungen wurde wieder einmal der klassische Weg der Ankurbelung der Wirtschaft auf Kosten der Sozialausgaben beschritten. Statt Geld für Gesundheit oder Erziehung auszugeben, bemühte sich die Regierung, die Auslandsschulden abzutragen. Das Monatseinkommen der meisten Menschen lag (und liegt bis heute) unter 40 Dollar. Für eine in der Stadt lebende Familie mit mehreren Kindern reichen solche Beträge nicht einmal zum Essen. Nur das System von Nebenverdiensten, kleinen Hilfsjobs, Mitarbeit der ganzen Familie einschließlich der Kinder und die Solidarität und gegenseitige Hilfe unter Verwandten und Freunden machen unter diesen Bedingungen das Überleben noch möglich.

Unter der Regierung Paz Zamora erhöhten sich zumindest die staatlichen Ausgaben für soziale Zwecke.

Außenwirtschaft

Außenhandel Boliviens 1988–1991 (in Mio US$)

	1988	1989	1990	1991*
Exporte gesamt	608,2	852,4	955,6	927,2
Mineralien	273,6	403,0	407,7	375,8
Erdöl/Erdgas	218,9	214,4	226,7	243,0
andere Produkte	104,9	201,8	288,5	272,0
Wiederausfuhr	10,8	33,2	32,7	36,4
Importe gesamt	590,6	619,9	702,7	941,7
Saldo	17,6	232,5	252,9	–14,5

* geschätzt
Quelle: Instituto Nacional de Estadistica

Aus der Tabelle, die aufgrund der Zahlen des Nationalen Statistischen Instituts Boliviens (INE) zusammengestellt wurde, werden einige Trends der bolivianischen Wirtschaft sichtbar. Dazu einige Anmerkungen:

1. Insgesamt ist festzustellen, daß sich die (legalen) Exporte Boliviens immer noch in sehr bescheidenem Rahmen halten, wenn auch die schlimmste Krise überwunden scheint. (Nach offiziellen Angaben weist die Wirtschaft insgesamt – nach Jahren der Stagnation – neuerdings wieder 4% Wachstum auf.)

2. Zu den wichtigsten Mineralien gehören Zinn, Zink, Wolfram, Blei, Wismut, Antimon, Silber, Gold und neuerdings auch Lithium.

3. Seit 1987 sind die Mineralien wieder das wichtigste Exportprodukt des Landes, mit einem Anteil zwischen 40 und 50 Prozent. Im Gegensatz zu den letzten 40 Jahren befinden sie sich nun allerdings zum größten Teil in privater Hand. Die ungesicherte Zukunft dieses Sektors bleibt sowohl wegen der Erschöpfung der Minen, wie aufgrund der schwankenden

Weltmarktpreise bestehen. Der Boom des Erdgases scheint vorbei zu sein. Derzeit einziger Abnehmer ist Argentinien.

4. Zu den anderen Produkten gehören im wesentlichen Waren aus dem nichttraditionellen Exportsektor, die für eine Diversifizierung der Ausfuhr von großer Bedeutung sind und die ländliche und handwerkliche Produktion stärken. Dazu kommt das Agrobusiness. Die Palette dieser Produkte umfaßt Fleisch, Nüsse, Kaffee, Kakao, Alkohol, Kautschuk, Leder, Holz, Baumwolle, Soja sowie eine Reihe von Erzeugnissen des Handwerks und Kunsthandwerks. Dieser Sektor (wie auch der Sektor der Wiederausfuhrprodukte) hat verglichen mit dem Beginn der 80er Jahre erheblich an Bedeutung für den Export gewonnen.

5. Wichtigster Abnehmer bolivianischer Exportgüter ist Argentinien, gefolgt von den USA und den EG-Ländern. Deutschland steht derzeit an achter Stelle. Bei den Einfuhren liegen die USA an erster Stelle, gefolgt von Brasilien, Chile, Argentinien, Japan und Deutschland. (1991 exportierte Deutschland Waren im Werte von 56 Mio Dollar nach Bolivien und importierte Waren im Werte von 21 Mio Dollar.)

Korruption

Ein besonderes Charakteristikum der bolivianischen Wirtschaft nach der Revolution liegt darin, daß sich bis zu 80% der Produktionsmittel – zumindest über lange Zeit – in den Händen des Staates befanden. Mit der Verstaatlichung der großen Minen, der Öl- und Erdgas-Felder wie auch mit der Errichtung staatlicher Agroindustrieunternehmen (Milchverarbeitung, Öl, Zucker, Reis) hatten die Regierungen seit 1952 direkten Einfluß auf wesentliche Bereiche der Wirtschaft. Die Abhängigkeit vom Weltmarkt blieb jedoch bestehen. Sie gab den Industrienationen die Möglichkeit, auch weiterhin in die bolivianische Politik mehr oder weniger direkt einzugreifen.

So verschieden die Regierungen seit 1952 auch waren, die Funktion des Staates als Pfründe für eine bestimmte Klientel, sei es in der staatlichen Verwaltung oder im privaten Sektor, war für alle Regimes kennzeichnend. Daß bei einem solchen System die Effektivität und damit die gesamte Wirtschaft zu leiden hatte – zusätzlich zu den international bedingten Schwierigkeiten –, läßt sich sowohl im staatlichen wie im privaten Bereich belegen. Der bekannteste und wohl traurigste Fall ist der der Minengesellschaft Comibol: Waren es einst monatlich tausend Tonnen Erz, die beispielsweise in der Zinnmine Siglo XX produziert wurden, so sind es am Tiefpunkt im Februar 1986 ganze 37 Tonnen gewesen. Mit Preisverfall und Erschöpfung der Minen allein kann das nicht erklärt werden. Seit Jahrzehnten wird bei der staatlichen Verwaltung des Bergbaus über Korruption geklagt: Schlechte Planung, falsche Abrechnungen und ein In-die-eigene-Tasche-wirtschaften haben dazu beigetragen, diesen Sektor der Produktion in den jammervollen Zustand zu bringen, in dem er sich heute befindet.

Aber auch vom privaten Sektor wurde der Staat eher geschröpft als daß er profitierte. So wurden viele Betriebe einzig in dem Bestreben gegründet, an die zuzeiten freigebig verteilten Staatskredite zu kommen. Der Zusammenbruch überdimensionierter Projekte ist in Bolivien eine ebenso häufige Erscheinung wie der betrügerische Bankrott, der für den „Unternehmer" einen schönen Gewinn bedeutet, wenn er nur die Hälfte des Kredites investiert hat, während die andere Hälfte auf einem sicheren Bankkonto in den USA oder der Schweiz untergebracht ist.

Die Korruption hat in Bolivien eine lange Tradition. Der Mißbrauch der Macht und staatlicher Gelder, aktive und passive Bestechung sowie der Raub von Staatseigentum sind Phänomene, die sich von den frühen Caudillos des 19. Jahrhunderts bis zu den Militärdiktaturen unserer Tage ziehen und die auch in demokratischen Zeiten nicht verschwanden. Sicherlich sind die Exzesse eines García Meza nicht mit den Verhältnissen in der Zeit danach zu vergleichen, von einer Überwindung des alten Übels aber kann schwerlich gesprochen werden. Eher vielleicht von einer „Demokratisierung der Korruption".

Gerade die Politik von Siles Zuazo gibt ein Beispiel dafür, wie fast ein ganzes Volk notgedrungen in illegale Geschäfte getrieben wird. So war es verboten, mit Dollars zu handeln, aber wer es nicht tat, dessen Geld verlor umgehend an Wert. Auch die Einfuhr ausländischer Waren war verboten. Aber die Kontrollmöglichkeiten waren viel zu gering, und die Nachfrage für die ausländischen Waren blieb bestehen. Das Schmuggelgeschäft blühte wie nie zuvor. Die Preise waren staatlich festgelegt, mehr zu zahlen war genauso verboten wie mehr zu verlangen. Gerade das heizte den Schwarzmarkt an, denn es kam zu einer Verknappung der Waren. Wer konnte, zahlte jeden Preis für das Gewünschte. Butter und Hühnchen wurden gehandelt wie anderswo Marihuana oder Heroin.

Die immer tiefer fallenden Gehälter im öffentlichen Dienst führten dazu, daß das Schmiergeld für die meisten Angestellten zu einer wichtigen Erwerbsquelle wurde. Ob bei der Polizei, beim Zoll, beim Finanzamt oder sonst einer Behörde – Bolivien verfügt über ein beachtliches bürokratisches System – überall spielte die Bestechung eine Rolle – nicht wegen moralischer Verwerflichkeit, sondern aus Not.

Auslandsschulden

Zu den Hauptproblemen der Wirtschaft der lateinamerikanischen Länder gehören die Auslandsschulden. In Bolivien lagen diese 1986 bei fast 5 Milliarden Dollar. Angesichts der über 100 Milliarden, mit denen Brasilien oder Mexiko in der Kreide stehen, mögen die bolivianischen Schulden relativ wenig Bedeutung für das internationale Finanzsystem haben. Für Bolivien selbst bedeuten sie auch weiterhin eine schwere Belastung. Noch 1986 war der weitaus größte Haushaltsposten des Landes (34%) der Schuldendienst, während man für Gesundheit und Erziehung nur jeweils 9% ausgab. Und das in einem Land mit einer hohen Analphabetenrate und der höchsten Kindersterblichkeit des ganzen Kontinents. Auf jedem Bolivianer lastete damit 1986 eine Schuld von 800 Dollar bei einem

Pro-Kopf-Jahreseinkommen von ca. 460 Dollar. Heute liegt der Anteil des Schuldendienstes im Haushalt bei 25%, Erziehung und Kultur bei 14%, Gesundheit bei 10%.

Das rapide Wachstum der Auslandsschulden begann in der Regierungszeit General Banzers. Als er 1978 abtrat, lag der Betrag bei 2,9 Milliarden Dollar. Unter den folgenden Regierungen wuchsen die Schulden weiter, ohne daß die alten und neuen Kredite je ihre erhoffte und versprochene Wirkung zeigten.

Als die Regierung von Siles Zuazo im Mai 1984 (auf Druck der COB) versuchte, ein Moratorium zu erklären, hatte sie dafür gute Gründe. Ein großer Teil der Schulden war von nicht verfassungsmäßigen „de facto"-Regierungen oftmals unter obskuren Bedingungen gemacht worden. Mit vielen Krediten war offensichtlich Mißbrauch getrieben worden. Kaum etwas von dem vielen Geld war beim Volk angekommen. Verdient hatten einige nationale Unternehmer, Militärs und Staatsbeamte sowie ausländische Banken. Die Rückzahlung der Schulden ließ für die dringend benötigten Aufwendungen im sozialen Bereich, in der Erziehung und im Gesundheitswesen kaum noch Gelder übrig. Das Land war an der Grenze seiner Zahlungsfähigkeit angelangt.

Die Antwort der Gläubigerbanken, des IWF und der Weltbank ließen nicht lange auf sich warten. Für den Fall eines einseitigen Moratoriums wurden ökonomische Boykottmaßnahmen, die Beschlagnahme bolivianischer Flugzeuge und Guthaben im Ausland sowie die Verweigerung weiterer Kredite angedroht. Das Problem blieb offen und wurde verhandelt, bis die Regierung Paz Estenssoro sich den Bedingungen der Kreditgeber und des IWF unterwarf.

Nachdem die Wirtschaft des Landes etwas stabilisiert war, entschied sich die Regierung für eine der wenigen erfinderischen Maßnahmen der bolivianischen Außenwirtschaftspolitik. Da die Auslandsschulden Boliviens (bei privaten Kreditgebern) auf dem internationalen Markt mit nur 11% ihres Wertes gehandelt wurden, kaufte das Land mit der Finanzhilfe befreundeter Länder diese Schulden wieder auf und verringerte mit dieser Aktion seine Gesamtschulden um 800 Mio Dollar. Weitere 800 Mio Dollar trug Jaime Paz Zamora ab, indem er als eine seiner ersten Amtshandlungen mit Argentinien einen bilateralen Schuldenausgleich vereinbarte.

Heute belaufen sich die Auslandsschulden Boliviens auf rund 3,5 Mrd Dollar. Der Schuldendienst ist mit 25% des Staatshaushaltes immer noch der größte Posten. Insgesamt betrugen die Ausgaben der Zentralregierung 1991 1,185 Mrd Dollar.

Privatisierung

Eines der großen Ziele der neoliberalen Wirtschaftspolitik der beiden letzten Regierungen ist die Privatisierung. Grund für dieses Programm war vor allem der finanzielle Zusammenbruch einer Reihe von Staatsbetrieben. Nachdem sich der Staat als schlechter Verwalter erwiesen hat, ging es darum, die Staatsdefizite zu senken und gleichzeitig Investitionen in die Wirtschaft zu fördern. Ob diese erhofften Investitionen des Privatsektors im gewünschten Maße zustandekommen, ist allerdings fraglich. Hinderungsgründe gibt es eine Menge: die geringe Risikofreudigkeit der Unternehmer, der „feudale Charakter" des schwerfälligen bolivianischen Bankensystems, konstitutionelle Schwierigkeiten bei der Überführung von Staats- in Privatbesitz und nicht zuletzt der Kientelismus der herrschenden Parteien, die ihre Pfründe sichern wollen.

Steuerreform

Einer der wichtigsten Schritte zur Stabilisierung der Wirtschaft war die Steuerreform von 1986, die eine dringend notwendige Vereinfachung der Besteuerung mit sich brachte und die Einnahmen des Staates erhöhte. Bis dahin hatten in Bolivien immer noch Elemente des habsburgischen Steuersystems überlebt. Es gab über 1000 verschiedene steuerliche Abgaben, die selbst die Finanzbeamten nicht alle kennen konnten. Die neuen Regeln sind relativ einfach und übersichtlich. Eingeführt wurde eine Mehrwertsteuer von heute 13%. Die Ausstellung von Rechnungen wurde zur Pflicht. Dazu kam eine generelle Einkommensteuer von 10% sowie einige besondere Verbrauchsteuern für Alkoholika, Tabak und Luxusgüter. Schließlich wurde noch eine Vermögensteuer beschlossen. Zu Verwirrung führte der Entschluß Paz Zamoras, die Händler auf den Märkten von der Mehrwertsteuer zu befreien. Diese Maßnahme versetzte der Steuermoral aller übrigen Steuerzahler einen schweren Schlag. Steuerhinterziehung schmälert deshalb auch weiterhin die Einnahmen des Staates beträchtlich.

Kokabusiness

Der Kokastrauch ist eine klassische Kulturpflanze der Andenregion. Er ist leicht anzubauen, und es kann mehrmals im Jahr geerntet werden. Das Kauen der Kokablätter – um die Wirkstoffe zu lösen, wird immer ein kleines Stückchen Kalk oder Pflanzenasche, die „lejía“, beigemischt – hat eine tausendjährige Tradition. Im Inkareich gehörte der Genuß von Kokablättern zu jeder religiösen Zeremonie. Die Pflanze war ein Staatsmonopol und wurde nach festen Regeln den für Inka und Staat arbeitenden „Mitayos“ zugeteilt. Die spanischen Kolonisatoren nutzten die Koka für ihre Zwecke. Da sie Hunger und Erschöpfung vertreibt und die letzten Reserven mobilisiert, wurde der Anbau weiter gefördert, um damit die Ausbeutung der Indianer in den Minen und auf den Latifundien bis zum Äußersten treiben zu können.

Kokablätter gehören in Bolivien auch heute zum „täglichen Brot“ der Armen. Neben ihrer Funktion als leistungsförderndes Stimulans haben sie durchaus medizinischen Wert. Sie enthalten eine Reihe von Spurenelementen, Mineralstoffen und Vitaminen. Sie spielen eine wichtige Rolle in der traditionellen Medizin. Jeder Reisende in Bolivien kennt die wohltuende Wirkung des „mate de coca“, des Koka-Tees, insbesondere bei

Höhenkrankheit. (Darum ist es ein bißchen lächerlich, wenn der deutsche Zoll neuerdings das Mitbringen von Kokablättern, ja sogar von „mate"-Teebeuteln, unter Strafe stellt.)

Weder im Trinken des Koka-Tees noch im Koka-Kauen liegt die Sprengkraft, die der Anbau des Kokastrauches heute für Bolivien hat. Wie schon öfters in der Geschichte ist ein Rohstoff des Landes zu einem international begehrten Produkt geworden, bedroht ein neuer Wirtschaftszyklus Bolivien mit einer weiteren Drehung der ewigen Spirale von Ausbeutung und Zerstörung.

$C_{17}H_{21}NO_4$ – Kokain, bereits 1859 entdeckt, hat in den letzten Jahrzehnten aus Bolivien ein anderes Land gemacht. Bis 1950 wurden jährlich nur wenige Tausend Tonnen Koka für den Eigenbedarf produziert. Der internationale Kokainmarkt versorgte sich bis dahin im wesentlichen in Peru. Seit Kokain in den 60er und 70er Jahren zu einer neuen Modedroge wurde, ist die Produktion der Blätter in Bolivien explosionsartig angestiegen. Aus einer Tonne Kokablätter kann man rund fünf Kilo Kokain herstellen. Allein in den neu angelegten Anbaugebieten des Chapare, östlich von Cochabamba, wurde 1982 die Koka-Produktion auf 82000 Tonnen geschätzt. 1990 betrug (nach offiziellen Daten) die Gesamtanbaufläche in Bolivien 60000 Hektar. 90% davon liegen im Chapare, 10% in den Yungas. Rund 60000 Familien, d.h. mehrere Hunderttausend Menschen, widmen sich dem Anbau.

Nach einem 1988 verabschiedeten Gesetz wird in Bolivien zwischen der für die traditionelle Verwendung bestimmten legalen Koka (vor allem aus den Yungas) und der „überschüssigen Produktion" unterschieden. Dieser illegale „Überschuß" wird von der Kokainmafia abgeschöpft.

Die Gewinnspannen im Kokainhandel sind atemberaubend. Das große Geld verdienen dabei natürlich weder die Kokabauern noch die „pisadores", die mit bloßen Füßen die getrockneten Blätter mit den notwendigen Chemikalien (Kerosin, Azeton und Schwefelsäure) zur Kokainpaste (Pasta Basica de Cocaina, PBC) zusammenstampfen und sich dabei sehr

Abb. 11: Gekaut und als Tee erlaubt: Verkauf von Kokablättern auf dem Markt

bald schreckliche Geschwüre holen. Diese „Produzenten" kommen auch heute nur auf wenige Dollar am Tag. (Viele von ihnen sind im übrigen vom „pitillo" abhängig, einer sehr schädlichen Droge, bei der die Paste mit Tabak vermischt geraucht wird.)

Der wirkliche Gewinn beginnt erst, wenn die Paste aus den Dschungelküchen von Händlern aufgekauft und zur Weiterverarbeitung in Destillieranlagen geschafft wird. Dabei steigt der Preis mindestens um das Fünffache, von ca. 1000 auf 5000 Dollar pro Kilo Paste, nach der Weiterverarbeitung liegt er bereits bei rund 20000 Dollar. Lange Zeit haben sich fast ausschließlich kolumbianische Dealer um diesen Raffinierungsprozeß und den Weiterverkauf gekümmert. Im letzten Jahrzehnt aber scheint sich die Herstellung des Kokain-Hydrochlorid ($C_{17}H_{21}NO_4HCL$) in Bolivien selbst ausgebreitet zu haben. Zwischen 1975 und 1980 war bereits über ein Viertel des beschlagnahmten Stoffes Hydrochlorid. Kein schlechtes Geschäft für die bolivianische Mafia, wenn man bedenkt, daß in den USA auf dem Umschlagplatz Miami das Kilo in dieser Form (es enthält 90% reines Kokain) bereits bis zu 40000 Dollar einbringt. Im Lande der Endverbraucher – allein in den USA rechnet man mit rund 20 Millionen Abnehmern von Kokain – wird der Stoff mit Hilfe von Traubenzucker und anderen Zusätzen auf die achtfache Menge gestreckt und erreicht, wenn er beim Schnupfer ankommt, einen Verkaufspreis von mehreren hunderttausend Dollar pro Kilo. Auch kein schlechtes Geschäft, das aber diesmal die US-Dealer machen.

Bolivien produziert heute zwischen einem Drittel und der Hälfte des Weltverbrauchs an Koka. Nach einer vom Präsidenten in Auftrag gegebenen Studie von 1990 bringt die (illegale) Kokainwirtschaft dabei jährlich 1,5 Milliarden Dollar in Umlauf, von denen 600 Millionen im Lande bleiben – das entspricht zwei Dritteln der legalen Exporte. Gerade in den reichen Ländern wird gerne vergessen, daß die Koka einer der wenigen Rohstoffe ist, dessen Preis in den letzten Jahren nicht gefallen ist.

Dennoch zeigt sich Jaime Paz zu einer Bekämpfung des Drogenhandels entschlossen. Allerdings verlangt er für sein Programm der „alternativen Entwicklung", auch unter dem Namen „Koka für Entwicklung" bekannt, internationale Unterstützung. Dem illegalen Kokaanbau soll in einem umfassenden Programm der Reduzierung, der Substitution des Anbaus und der Gebietsentwicklung Schritt für Schritt Einhalt geboten werden. Nach den Berechnungen des Präsidenten werden 450 Millionen Dollar pro Jahr benötigt, um die wirtschaftliche Struktur des Landes so zu ändern, daß der illegale Kokaanbau keine Notwendigkeit mehr ist. Denn daß der illegale Anbau für viele Bolivianer heute noch in Ermangelung anderer Arbeitsmöglichkeiten eine Frage des Überlebens ist, das ist ein offenes Geheimnis. Ebenso klar ist freilich, daß die Produzenten der Kokablätter ähnlich arm dran sind wie die

Konsumenten, d.h. die Süchtigen, am anderen Ende der Handelskette.

Ob sich die reichen Länder zu der geforderten Unterstützung bereitfinden, ist fraglich. Bis jetzt setzt man immer noch zu sehr auf polizeiliche und militärische Lösungen und tut so, als läge das Hauptproblem der Drogensucht in den Produzentenländern. Aus bolivianischer Sicht erscheint es merkwürdig, daß die Produzenten eines an sich harmlosen und dazu traditionellen Gewächses der Anden die internationalen Bösewichter sein sollen. Niemand käme auf die Idee, so wird argumentiert, französischen Weinbauern die Rebstöcke abzubrennen, weil es das Problem des Alkoholismus gibt. Genau dies aber passiert immer wieder mit den Kokaplantagen. Daß solche Maßnahmen einzig und allein den Preis der Koka – und die mit dem Geschäft verbundene Kriminalität – weiter erhöhen, wird ignoriert. Und wenig ist in der internationalen Debatte davon zu hören, daß es im wesentlichen die reichen Länder sind, die die chemischen Vorprodukte zur Kokainherstellung liefern und sehr gut daran verdienen. (Allein Deutschland hat 1989 14000 Tonnen dieser Chemikalien nach Lateinamerika exportiert.)

Die Kriminalität, die allgemeine Korruption und das Entstehen einer immer mächtiger werdenden Kokainmafia sind denn auch die Konsequenzen, die Bolivien von dem illegal blühenden Kokabusiness am meisten zu fürchten hat. Zwar gibt es inzwischen auch in bolivianischen Städten das Problem der Drogensucht, selbst das fürchterliche Crack hat seinen Weg nach El Alto gefunden. Weitaus bedrohlicher aber sind ebenso wie in Peru und Kolumbien – die politischen Folgen des Drogenhandels. Mit der Kokainmafia ist eine kaum zu kontrollierende gesellschaftliche Gruppe entstanden, die den Gegensatz zwischen arm und reich noch weiter verschärft und deren Einfluß auf die Politik kaum zu unterschätzen ist.

Es ist ein offenes Geheimnis, daß seit 1976 der Ausbau der Kokaproduktion sowie der Handel mit Paste und Kokain mit staatlicher Duldung (wenn nicht sogar Unterstützung) forciert wurden. Die neuen Anbauflächen und die dazugehörigen

Drogenküchen entstanden teilweise mit Krediten der Agrarbank. Beim Aufbau des Kokaingeschäftes arbeiteten Leute aus der Armeespitze mit Vertretern der neuen Agraroligarchie einträchtig zusammen.

Mit der García Meza-Diktatur wurde die Komplizenschaft zwischen Staat und Drogenhändlern zu einer Grundlage des Systems. Als García Meza zurücktrat, bedeutete das keineswegs die Abschaffung des Machtkartells. Das Netz der Verbindungen und Abhängigkeiten war inzwischen so gut geknüpft, daß die Drogenhändler auch in der Demokratie wenig zu fürchten hatten. Der Innenminister der Regierung Siles Zuazo erklärte 1983 ganz offen, daß die wirtschaftliche und militärische Macht der „narcotraficantes" (Drogenhändler) in vielen Teilen des Landes größer sei als die der Regierung. In einem Land, in dem ein Polizist nicht viel mehr als 50 Dollar verdient, ist es nicht allzu schwer, sich Loyalitäten zu kaufen. So mußten auch zwei Innenminister der beiden nachfolgenden Regierungen wegen Protektion des Drogenbusiness zurücktreten.

Der Hauptgrund für die märchenhaften Gewinnspannen im Drogengeschäft – und damit für die Macht (und die kriminelle Energie) der „narcotraficantes" – ist die Illegalität. Der Mehrwert im Kokainhandel kommt von der Gefahr, vom Risiko. Viele lateinamerikanische Experten fordern deshalb als ersten Schritt im Kampf gegen den Drogenhandel eine Legalisierung der Koka und des Kokains. Dieser Ansicht hat sich inzwischen auch eine Reihe von europäischen und US-amerikanischen Politikern und Wissenschaftlern (darunter sogar Milton Friedmann) angeschlossen. Die Drogensucht selbst würde dadurch sicher nicht verschwinden; sie ist aber mit der Prohibition einzelner Drogen ohnehin nicht zu heilen. Für die Produzenten der Koka wie für die Drogenabhängigen selbst aber wäre der Wegfall der Kriminalisierung ein wichtiger Schritt nach vorn. Gerade für ein Land wie Bolivien könnte damit eine gesündere und friedlichere Entwicklung eingeleitet werden.

XI. Ökologie: Der Bettler auf dem dürren Ast

Ökologische Fragestellungen spielten in Lateinamerika lange Zeit die Rolle eines Mauerblümchens in der Politik. Erst immer alarmierendere Nachrichten, zahllose Proteste von aktuell Betroffenen und die verstärkte internationale Debatte haben in den letzten Jahren zu einem langsamen Umdenken geführt. Sehr lange wurde Umweltschutz als eine Art Luxus angesehen, den man sich angesichts des Massenelends nicht leisten konnte.

Der Glaube an den technischen Fortschritt als einziges Mittel, um die Not zu wenden, ist bei den meisten Lateinamerikanern auch heute noch weitgehend ungebrochen. Die (europäische) Skepsis gegenüber diesem Glauben trifft auf verständliche Ablehnung. Denn: „Zivilisationskritik artikuliert sich leichter dort, wo man von den Produkten und vom Müll der Zivilisation übersättigt ist, als dort, wo die Befriedigung einfachster materieller Bedürfnisse für viele Menschen unerreichbar ist."

Wie aber, wenn sich herausstellt, daß Massenelend mit dem technischen Fortschritt nicht gelöst, sondern produziert wird? Der ursächliche Zusammenhang von Kultur-, Menschen- und Naturzerstörung im Interesse des „Fortschritts" läßt sich gerade an Lateinamerika – historisch wie aktuell – belegen. Der Fortschritt als „Fortschritt der Destruktivkräfte" scheint kaum noch aufhaltbar.

Beispiel Bolivien: In einer wissenschaftlichen Untersuchung zu den ökologischen Problemen des Landes und der gesellschaftlichen Wahrnehmung dieser Probleme wurde 1984 sehr eindringlich auf die gefährliche Ignoranz hingewiesen, der sich alle politischen Gruppierungen in dieser Frage schuldig machten.

Im Gegensatz zur wirtschaftlichen und politisch-sozialen Analyse der „Entwicklung der Unterentwicklung" ist die Kenntnis der komplizierten Mechanismen ökologischer Zerstörung in Ländern der armen Welt wenig verbreitet. Europäer, sofern sie nicht vom Fach sind, können sich angesichts der scheinbar unberührten Weiten der Urwälder, Tiefländer, Savannen und Berglandschaften nur schwer vorstellen, daß es auch hier bereits kontinentale, nationale und regionale Ökokatastrophen gegeben hat und weiter geben soll. Verglichen mit den vergifteten und verstrahlten Betonlandschaften Europas erscheint Lateinamerika (mit Ausnahme der Metropolen) immer noch als ein Hort der freien, wenig drangsalierten Natur. Wer würde, zumal bei einem so dünn besiedelten Land wie Bolivien, menschliche Umweltzerstörung besonders hoch ansetzen?

Und die Bolivianer selbst? Lange Zeit klammerten sie sich, wie die Studie zeigt, an jenen Mythos vom „Bettler auf der goldenen Truhe", für den nur der richtige Schlüssel einer selbstbestimmten nationalen Politik gefunden werden müsse. Doch erstens ist die Truhe schon mehr geplündert, als es selbst die kritischsten Imperialismus-Gegner wahrhaben wollen. Und zweitens wird heute – unter tatkräftiger Beteiligung der Bolivianer selbst – kräftig weiter auch an den inzwischen ziemlich dürren Ästen der erneuerbaren Ressourcen gesägt, als da sind: Wälder, Böden, Ökosysteme. Diese Äste aber nun sind es, auf denen der Bettler in Wahrheit sitzt. Langsam jedoch wächst auch in Bolivien die Erkenntnis, daß es eine Illusion ist, an einen schier unerschöpflichen Reichtum der natürlichen Ressourcen zu glauben, der nur nicht angemessen ausgenutzt wird.

Es ist fünf vor zwölf in Bolivien. Abholzung, Versteppung, Bodenerosionen sind bereits so weit fortgeschritten, daß ernstzunehmende Wissenschaftler schon in den nächsten Jahren mit Schwierigkeiten bei der Nahrungsmittelversorgung aufgrund der ständigen Verschlechterung der Bodenqualität rechnen. Etwa ein Drittel der Böden des Landes ist seit der Kolonialzeit durch Einwirkung von Menschenhand erodiert, d.h.

von fruchtbarem in unfruchtbares Land verwandelt worden. Eine lange Geschichte von Zerstörung und Ignoranz. Nur: Das Tempo der Geschichte steigert sich.

Wer heute durch den Altiplano reist, findet eine kahle, baumlose Steppe, die teilweise schon in Wüste übergeht. Aus alten Quellen ist ersichtlich, daß dieses Gebiet zu Zeiten der Inkas eine ausgesprochen fruchtbare Gegend war, ein landwirtschaftliches Zentrum der alten Hochkultur. Als die Konquistadoren Mitte des 16. Jahrhunderts in dieser Hochebene auftauchten, gab es dort mannigfaltige Vegetation, ein mildes Klima, Bäume, Büsche, Gräser. Anders wäre es wohl auch schwer vorstellbar, daß 1548 die erste Gründung von La Paz gerade in dieser Gegend vorgenommen wurde – bei der Ortschaft Laja mitten im Altiplano, heute ein windiges, kahles Örtchen.

Die intensive Landwirtschaft der Inkas und Aymaras fügte sich in das bestehende Ökosystem ein. Die berühmten Terrassen („andénes") an den Berghängen verhinderten die Bodenerodierung, eine kontrollierte Tierhaltung (Lamas und Alpakas) auf künstlich bewässertem Terrain die Überweidung. Die langfristige Erhaltung der Bodenfruchtbarkeit war wichtiger als schneller Gewinn. Die Wälder aus den (heute nahezu ausgestorbenen) Kishura- und Kehuiñabäumen wurden geschützt. Als Brennmaterial diente ausschließlich der Lama-Kot (taquia).

Geschichte der Ignoranz

Im Gegensatz zu den Inkas müssen die Spanier vor allem als Fachleute in ökologischer Zerstörung angesehen werden. Was sie im eigenen Lande sehr nachhaltig praktizierten, wiederholten sie in den Anden. Mit der Ankunft der „Kolonisatoren" begann auf dem Altiplano ein Prozeß, der aus den fruchtbaren Regionen von einst die ausgelaugte und degradierte Landschaft von heute machte. Es war nicht böser Wille, sondern einfach ökologische Ignoranz, die zu den Schäden führte.

Vom Wissen der Indianer blieb dabei nichts übrig: Denn Hand in Hand mit der Zerstörung der Landschaft ging auch die Zerstörung der landwirtschaftlichen Kultur der Inkas.

Es kamen viele Faktoren zusammen in diesem über Jahrhunderte laufenden Zerstörungswerk: Neue Produktionsweisen und Besitzverhältnisse, neue landwirtschaftliche Techniken, Veränderungen im sozialen Gefüge, die Einführung europäischer Pflanzen und Tiere und – natürlich – die Raffgier der Kolonisatoren. Extensive Landwirtschaft ersetzte die mühsame, aber ökologisch sinnvolle Inka-Agrikultur. Für die mitgebrachten Zugtiere brauchte man gerade, parallel zum Hang laufende Furchen, nicht die komplizierten, den Höhenkurven angepaßten, ausschließlich von Hand gezogenen Furchen der Inkas. Brandrodung und Abholzung – taquia war nicht nach dem Geschmack der Spanier – bedrohten bald die Wälder. Der private Großgrundbesitz führte zum Verfall der indianischen Gemeinschaftsarbeit, die der Garant eines verantwortungsvollen Umgangs mit der Natur im Interesse aller gewesen war. Bewässerungskanäle und Terrassen verwahrlosten. Niemand achtete auf die Gefahr der Überweidung: Die Schafe, die im Gegensatz zu den Lamas auch die Wurzeln fressen, knabberten die Böden kahl. Je mehr die schützenden Wälder und Pflanzen verschwanden, um so schneller wurde der Humusmantel verweht oder weggewaschen. Das Klima wurde kälter und rauher.

Aber nicht nur der Altiplano litt unter dem blinden Innovationsdruck der Kolonisatoren. Städtegründungen und die aufstrebende Minenindustrie verstärkten den Hunger nach Holz und schnellem landwirtschaftlichen Output – ohne Rücksicht auf langfristige Verluste. Stück für Stück gerieten die Täler des östlichen Andenabfalls in Mitleidenschaft. Auch dort wurde brandgerodet und abgeholzt. Auf der Suche nach neuen Erzlagern wurde nicht selten die Vegetation ganzer Berge und Hügel abgebrannt. Wiederaufforstung gab es nicht. Mit den Pflanzen verschwanden die einheimischen Tiere: Jaguar und Puma starben aus im Gebiet des Hochplateaus und der angrenzenden Berge und Täler.

Die „Befreiung" von den Spaniern bedeutete nur eine kurze Verschnaufpause für die Natur. Und auch nur deshalb, weil die Republik mit einer längeren Phase wirtschaftlicher Stagnation begann. Der erneute Silber- und Zinnboom gegen Ende des 19. Jahrhunderts brachte wieder verstärkten Druck auf die Ökosysteme des Landes. Man hatte wenig dazugelernt. Von wem auch? Eisenbahnbau, Schmelzanlagen und Holzindustrie beförderten den weiteren Kahlschlag. Die letzten Waldreste auf dem Altiplano verschwanden.

Die Erschließung neuer Wirtschafts- und Siedlungsräume konnte bei der herrschenden Ignoranz gegenüber der Umwelt nur einen weiteren Raubbau an der Natur bedeuten. Beim Kautschukboom im Nordosten wurden große Gebiete des tropischen Regenwaldes der Gegend völlig unnötigerweise verwüstet. Die Ausweitung der landwirtschaftlichen Produktion führte, so wie sie organisiert war, zu einer Überbeanspruchung der Agrarböden. Selbst die Landreform von 1953, die viel Minifundismus und wenig gemeinschaftliche Arbeitsformen hervorbrachte, hinterließ zerstörerische Spuren: Hunderttausende von Hektar wertvollen Landes erodierten, weil auch die Campesinos nicht mehr nach Art ihrer Ahnen wirtschafteten, sondern im Stil der ehemaligen Ausbeuter. Aus Not, aus Unverstand, aus Anpassung an die „modernen" Techniken und Marktgesetze gingen so die Lebensgrundlagen vieler indianischer Bauern verloren.

Waldsterben auf bolivianisch

Das größte Verhängnis in ökologischer Hinsicht aber befürchten Wissenschaftler durch die starke Besiedelung des bolivianischen Ostens. Der Drang ins Tiefland geht von der (falschen) Ansicht aus, daß die tropischen Wälder auf besonders fruchtbarem Boden wüchsen und deshalb dort ideale Bedingungen für Landwirtschaft und Viehzucht herrschten. Spätestens seit den Erfahrungen im brasilianischen Amazonasgebiet weiß man, daß dem nicht so ist. Doch der Run nach Osten ist in Bolivien nicht geringer geworden und wird behördlich weiter propagiert und gefördert. Wo sonst sollen die Menschen aus den versiegenden Minen und dem enger und karger werdenden Hochland auch hingehen? Die scheinbare Üppigkeit der Vegetation des tropischen Ostens schreit nach Ansicht fast aller Bolivianer gerade nach weiterer Erschließung.

Diese Üppigkeit des tropischen Waldes geht in Wirklichkeit keineswegs auf einen besonderen Nährstoffreichtum des Bodens zurück, sondern auf ein Ökosystem aus Pilzen, Parasiten und Kleinpflanzen. Drei Viertel aller Nährstoffe befinden sich dabei über dem Boden. Durch die fast immer angewandte Brandrodung wird dieses System völlig zerstört. Bereits nach der ersten Ernte sind die Böden zumeist ausgelaugt und verwandeln sich in Steppe. Auf dieselbe Art gewonnene Weideflächen sind höchstens drei bis sechs Jahre nutzbar. Der landwirtschaftliche Reichtum großer Teile des bolivianischen Ostens ist langfristig gesehen wohl ein Mythos. Es steht zu befürchten, daß die „Gewinnung" neuen Ackerlandes sich als teurer und irreversibler Irrtum erweist. Bleibt es bei der jetzigen Geschwindigkeit der Waldzerstörung, wird es in vierzig Jahren in Bolivien keine Forstgebiete mehr geben. Und kaum neugewonnene dauerhafte Ackerböden. Von den globalen Auswirkungen ganz zu schweigen.

Überschwemmungen, Dürren und klimatische Veränderungen ganzer Landstriche deuten heute bereits die Folgen eines aus dem Gleichgewicht geratenen Ökosystems unübersehbar an. Und der Raubbau geht weiter: Sowohl die Chaco- wie die subtropischen und tropischen Wälder weisen inzwischen große Schäden auf. Doch Konzessionen für Holzkohlegewinnung und Abholzung werden weiter ausgegeben. Auch in den Tälern wird abgeholzt, arbeitet man weiter mit der Brandrodung (chaqueo), um Land zu gewinnen: für den Maisanbau und – immer mehr – auch für den illegalen Kokaanbau.

Dennoch gibt es seit einigen Jahren Ansätze, die ökologischen Probleme ernstzunehmen: Der Kongreß erarbeitete ein Umweltschutzgesetz, das eine Reihe von Schutzmaßnahmen und die Förderung nachhaltiger ökologischer Entwicklung

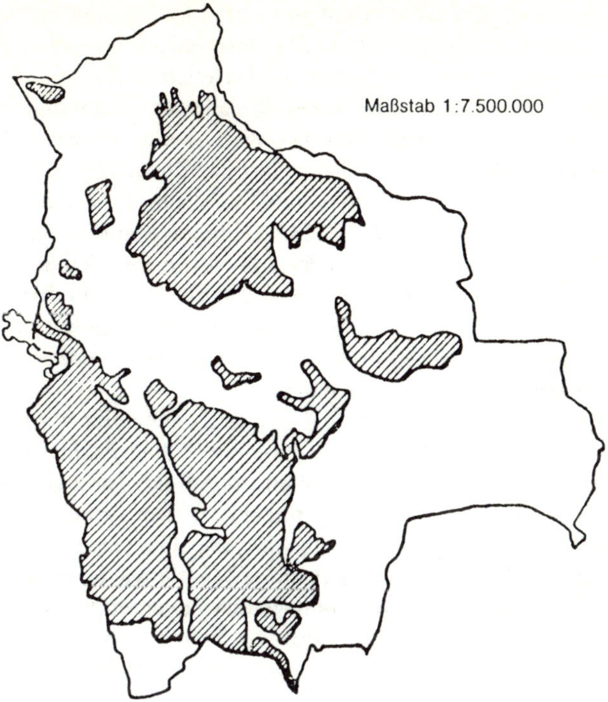

Gesamtfläche des Erodierungsprozesses. Stand: Januar 1983 (Erstellt nach Angaben von W Tewazas Urquidi und der Ökologischen Gesellschaft Boliviens. Quelle: H. C. F. Mansilla, Nationale Identität ...)

vorsieht. Fast alle Parteien haben inzwischen Umweltausschüsse. Seit 1990 gibt es ein dem Präsidenten direkt unterstelltes Sekretariat für Umweltschutz. Eine „Liga zur Verteidigung der Umwelt“ (LIDEMA) koordiniert seit 1987 die Arbeit der sich ausbreitenden nichtstaatlichen Umweltorganisationen. Und an der Universität von La Paz wurde (mit deutscher Unterstützung) ein ökologisches Institut eingerichtet.

Ob die durch internationale Umweltorganisationen auch in Bolivien getätigten „debts for nature swaps“ (Übernahme von Schuldentiteln gegen das Versprechen, bestimmte Gebiete zu

Naturschutzgebieten zu erklären) ein wirksamer und richtiger Weg sind, ist umstritten. Es haftet ihnen doch sehr der alte Paternalismus der reichen Länder an. Viele Lateinamerikaner sehen in ihnen eine Art „grünen Kolonialismus". Immerhin aber tragen solche Versuche dazu bei, die bisherige Fixierung fast aller politischen Gruppen des Landes auf Entwicklungsmodelle im Sinne einer westlichen Modernisierung zu erschüttern. Denn trotz aller radikalen und berechtigten Kritik an den reichen Ländern des Nordens gab es bis vor kurzem kaum einen Politiker, Intellektuellen oder Beamten, der nicht für Bolivien das technologische und ökonomische Niveau der hochindustrialisierten Länder anstrebte, ohne dessen ökologisches Zerstörungspotential ernstzunehmen.

Auf das Umweltbewußtsein der reichen Länder wird sich Bolivien zur Lösung seiner ökologischen Probleme sicher nicht verlassen können. Zu hoffen ist, daß das Land vielleicht doch einen Entwicklungsweg findet, der dem Anknüpfen an den traditionellen behutsamen Umgang mit der Natur eine mindestens ebenso große Bedeutung beimißt wie einer (in vielen Fällen sicherlich notwendigen) schrittweisen Modernisierung.

XII. Bildung, Kunst und Medien

Schule

Rund 22% der Bevölkerung Boliviens sind Analphabeten. Vor 30 Jahren lag die Rate noch bei 70%, konnte also nicht mal ein Drittel der Bolivianer lesen und schreiben. Das spricht für einige Erfolge der Schulpolitik und Alphabetisierung in den letzten Jahrzehnten. Für die große Mehrheit der bolivianischen Kinder gibt es heute die Möglichkeit, Schulen zu besuchen (1984 gab es 1,47 Millionen Schüler). Gesetzlich besteht eine Schulpflicht für die Dauer von fünf Jahren für Kinder auf dem Lande und von sechs Jahren in der Stadt. Die sechsjährige „secundaria", die sich an die Grundstufe anschließt, ist freiwillig und wird heute von etwa 30% besucht. Die Zahl der vorzeitigen Schulabgänger ist immer noch beträchtlich.

Ein armes Land wie Bolivien hat weitaus mehr Probleme auf dem Erziehungssektor als ein reiches. Zu den materiellen Schwierigkeiten – ein Lehrer verdient heute, auch nach der durch vielfache Proteste und Demonstrationen durchgesetzten Erhöhung des Gehalts, ganze 80 Dollar – kommen kulturelle und politische Probleme. Da fast ausschließlich in Spanisch unterrichtet wird, haben es Kinder mit der Muttersprache Quetschua oder Aymara – auf dem Lande die Regel – sehr schwer. (Einen Unterricht in diesen Sprachen gibt es bis heute kaum.) Der Lehrstoff, den die Kinder lernen müssen, ist oft in einem Maße von ihrer Realität entfernt, daß sie im Verlauf der Zeit das meiste des Gelernten einfach wieder vergessen. Eine den Lebensumständen angepaßte Pädagogik steckt in Bolivien noch in den Kinderschuhen. Im übrigen besteht für viele Kinder nach dem Verlassen der Schule wenig Gelegenheit, zu lesen. Das Resultat ist, daß ein beträchtlicher Teil der Schulabgänger nach einigen Jahren mit Mühe gerade noch die Schlagzeilen und Werbeslogans buchstabieren kann.

Die vielen und langen Lehrerstreiks in den letzten Jahren haben, so berechtigt sie waren, auch nicht gerade zu einer Intensivierung der Ausbildung geführt. Zwischen 1983 und 1985 hatten die Schüler Boliviens weniger als 120 Schultage im Jahr.

Bolivien ist kein Land von Lesern. Zwar verfügt es mit dem Nationalarchiv in Sucre über eines der wichtigsten und am besten organisierten Archive Lateinamerikas, daneben aber gibt es kaum noch nennenswerte Bibliotheken. In La Paz ist einzig die Universitätsbibliothek von Bedeutung, doch die Drängelei nach Lehrbüchern und der benötigten wissenschaftlichen Literatur ist furchtbar. Öffentliche Bibliotheken gibt es sehr wenige.

Universität

Seit der Wiedereinführung der Demokratie ist auf eine Ausweitung der Universität viel Wert gelegt worden. Die Öffnung der Hochschulen für weite Teile der Bevölkerung (Aufnahmeprüfungen wurden abgeschafft) hat allerdings zu teilweise chaotischen Zuständen geführt, da die Ausstattung bei weitem nicht mit dem Wachstum Schritt hielt. Gleichzeitig wurde die Ausbildung in technischen Berufen vernachlässigt. Was in Bolivien fehlt, sind vor allem Techniker und Facharbeiter. Rechtsanwälte, Architekten, Ökonomen und Geisteswissenschaftler gibt es dagegen zuhauf – und keineswegs alle finden Arbeit. Aber auch der „brain drain", die „Emigration von grauen Zellen", macht – wie allen Ländern der armen Welt – Bolivien schwer zu schaffen. So gehen zum Beispiel sehr viele der ausgebildeten Ärzte ins Ausland, nachdem sie jahrelang auf Staatskosten studiert haben. Ein Schönheitschirurg in Kalifornien verdient nun einmal mehr als ein Doktor im Urwald.

Allein die Universität San Andres in La Paz hat heute mehr als 40 000 Studenten an 16 Fakultäten. Sie wird finanziell vom Staat getragen, ist aber in ihrer Organisation völlig autonom. Lehrkörper und Studenten sind in der Selbstverwaltung zu je

50% vertreten, eine Autonomie, die in der Welt ihresgleichen sucht. Die bolivianischen Universitäten gehören traditionell zu den politisiertesten Lateinamerikas. Wenn dabei gelegentlich das Akademische auch zu kurz kommt, ihre Rolle im sozialen und politischen Kampf des Landes ist dafür um so bedeutender. Nicht ohne Grund werden bei Putschen und Staatskrisen regelmäßig die Universitäten als erstes geschlossen. Demonstrationen, Hungerstreiks und politische Versammlungen bestimmen das Hochschulleben mindestens ebenso wie der Lehrbetrieb. Eine Reihe von Studenten hat im Kampf gegen die Diktaturen ihr Leben gelassen.

Die Bezahlung der Professoren und Dozenten ist bescheiden. Für die meisten von ihnen ist die Universität eine ehrenvolle Nebenbeschäftigung. Viele sind Minister, Abgeordnete, Regierungsbeamte oder Staatsanwälte, bestimmen die aktuelle Politik des Landes mit. Was die Studenten angeht, so sind die Hochschulen Boliviens im Begriff, zu einer „Universität des Volkes" zu werden. Die damit einhergehende Überfüllung und Politisierung der Hochschule macht allerdings den Lehrbetrieb nicht einfach. Immer wieder kommt es auch heute zu studentischen Streiks und zur Schließung der Universität, fallen Prüfungen aus, gehen den Studenten ganze Semester verloren. Dieses Chaos hat die Institution der staatlichen Hochschule in eine derartige Krise geraten lassen, daß manche Bolivianer ihr ein baldiges Ende voraussagen. Andere kämpfen für eine umfassende Reform der Institution, weil sie wissen, daß es trotz aller Probleme besser ist, sie zu haben als sie aufzugeben. Ein Scheitern hieße, privaten und damit elitären Hochschulen das Feld zu überlassen. Der Geist, der heute in den heiligen Hallen weht, orientiert sich an den Bedürftigen und Ausgebeuteten. Die Ausbildung an den Hochschulen ist – wie die gesamte Erziehung – so gut wie kostenlos, es gibt billiges Essen und eine Reihe von Zuschüssen und Stipendien für besonders arme Studenten. Die Stundenpläne sind so eingerichtet, daß jeder Studierende nebenbei Zeit für bezahlte Arbeit hat. Denn es sind heute keineswegs nur „höhere Söhne und Töchter", die studieren. Der Prozentsatz an Kindern von

Arbeitern, Angestellten und Bauern, die in die Stadt gezogen sind, steigt ständig. Die Hauptschwierigkeit freilich, sinnvolle Arbeitsplätze für diese neue Generation von Akademikern zu finden und zu bezahlen, ist ungelöst.

„Gehobene" und Volks-Kultur

Verglichen mit São Paulo, Buenos Aires oder den europäischen Metropolen ist das kulturelle Leben von La Paz auf den ersten Blick dürftig. Das gilt vor allem für die „gehobene" klassisch europäische Kultur. Immerhin verfügt La Paz über ein Symphonieorchester, ein klassisches und ein Folklore-Ballett wie auch einen Chor, Einrichtungen, die vom Staat subventioniert werden. Die Unterstützung ist freilich so gering, daß Künstler-sein in Bolivien in erster Linie Opferbereitschaft und Liebe zur Kunst voraussetzt. Ein Geschäft ist es in den seltensten Fällen. Der beste, auch im Ausland geschätzte, Tenor des Landes, Gastón Paz, ist nebenbei einer der bekanntesten Zahnärzte von La Paz.

Die Auswahl an Theateraufführungen ist eingeschränkt. Doch wer Interesse hat, kann im Laufe eines Jahres von Shakespeare und Brecht über Ionesco zu Sartre und Lorca doch eine ganze Reihe von klassischen und modernen Stükken sehen und dazu vielleicht drei Opern und etwa zehn Symphoniekonzerte besuchen.

Die Preise dieser Veranstaltungen sind im übrigen keineswegs mehr so hoch, daß der Besuch aus diesem Grunde auf die „feinen Leute" beschränkt bleiben müßte. Der Eintritt in eine Aufführung der „gehobenen Kultur" ist heute nicht teurer als eine Kinokarte (circa 2 Dollar), nicht selten sogar gratis. Das Interesse an klassischer westlicher Kultur ist trotzdem auf eine sehr kleine Gruppe beschränkt geblieben.

Folklore

Weitaus bedeutsamer – und in allen Schichten des Volkes verbreitet – ist die bolivianische Folklore. Die Produktion ist fast unerschöpflich. Jede Region hat ihren eigenen musikalischen Stil und Charakter. Aus den Tälern und Tiefebenen kommt fröhliche Musik, die Folklore der Yungas trägt deutlich schwarze Elemente, in der Musik des Altiplano spiegelt sich die Melancholie des rauhen, kalten Windes. Zu den typischen Instrumenten des Hochlandes gehören die Flöten Zampoña und Quena, die mandolinenähnliche achtsaitige Charango (für die Touristen oft aus dem Panzer von Gürteltieren angefertigt) sowie Gitarre, Harfe und Trommel. Keine öffentliche Fiesta aber kommt ohne ein Blechorchester aus, bei dem sich Marschmusik und die Pentatonik der Anden zu einem verwirrenden rhythmischen Klang mischen.

Jede Stadt und jedes Dorf haben ihre traditionellen Feste, bei denen oft tagelang Musik- und Tanzgruppen von früh bis spät durch die Straßen ziehen. Das herausragende folkloristische Ereignis in Bolivien ist zweifellos der Karneval in der Minenstadt Oruro, wenn in einer phantastischen Parade mehr als 20000 Teilnehmer in einem über acht Kilometer langen Zug durch die Stadt tanzen. Verkleidet als Teufel und Engel, als schwarze Sklaven und Kolonialherren, als Inkaherrscher und Krieger zelebrieren die Gruppen ein höllisches Historien- und Mythenspektakel, in dem sich christliche, indianische und afrikanische Traditionen faszinierend mischen – zum Ruhme der „Jungfrau der Bergwerksstollen". Tagelang ist die Stadt völlig umgewandelt.

Film

Seit 15 Jahren besitzt La Paz eine Cinemathek, die sich wakker der Dominanz vorwiegend US-amerikanischer Brutalo-Streifen à la Rambo und mexikanischer Schauerdramen entgegenstemmt. Wenngleich sich solche Produktionen auch weiterhin großer Beliebtheit erfreuen, so haben doch gute und künstlerische Produktionen wieder eine Chance bekommen. Es gibt Filmfestivals, Retrospektiven, und inzwischen haben auch einige weitere Kinos die anspruchsvollere Filmkunst wiederentdeckt. Die Cinemathek bemüht sich im übrigen um eine Verbreitung der von ihr gezeigten Filme im ganzen Land und hat gute Filme bis in die entlegensten Dörfer gebracht.

Die eigene Filmproduktion steckt in Bolivien noch immer in den Kinderschuhen. Es fehlt ganz einfach an Kapital. Es sind nicht viele Filme, aber das Niveau und die künstlerische Qualität sind in einigen Fällen mehr als beachtlich. Der bolivianische Film ist ein Film des Protestes und der Anklage und wurde von den Diktaturen häufig als subversiv betrachtet. Hergestellt unter schwierigsten Bedingungen und mit chronischer Geldknappheit mögen diese Filme technische Mängel haben, ihr dokumentarischer Wert ist dafür um so höher. Einer der besten und bedeutendsten bolivianischen Filme ist – auch 15 Jahre nach seiner Uraufführung – „Chuquiago" von Antonio Eguino aus der weiterhin rührigen Produktionsfirma „Ukamau". „Chuquiago", der auch in Europa viel gezeigt wurde (darunter im deutschen Fernsehen), beschreibt in vier Geschichten die verschiedenen sozialen Gruppen von La Paz.

Der inzwischen wohl bekannteste bolivianische Regisseur ist Jorge Sanjinés, der bereits 1966 mit seinem ersten Spielfilm „Ukamau" die Situation der indianischen Bevölkerung zu seinem Thema machte. Mit seinen späteren Filmen („Yawar Mallku", das Blut des Kondors, 1969, und „Jatun Auka", Der Hauptfeind, 1973 im peruanischen Exil gedreht) engagierte er sich weiter für den indianischen Widerstandskampf gegen Repression und US-amerikanische Einmischung. Erst 1989 konnte er wieder einen Film drehen. „La nación clandestina" hat nicht mehr das revolutionäre Pathos der früheren Filme, ist aber dafür eine subtile Studie – sowohl über die Entfremdung der Indianer in ihrem eigenen Land als auch über die Fremdheit, die letztlich zwischen den intellektuellen Revolutionären und den Indianern besteht. Ein wichtiges Kennzeichen aller Sanjinés-Filme ist die Tatsache, daß in ihnen weitgehend Quetschua bzw. Aymara gesprochen wird.

Malerei

Seit der Kolonialzeit ist die Malerei eine der herausragenden Künste Boliviens. Allein in Potosí gab es im 17. Jahrhundert mehr als 40 Malwerkstätten. Die Collao-Schulen (d.h. also die des alten Hochperus) haben eine Fülle von Werken hinterlassen, die heute in Galerien, Kirchen und Klöstern der Öffentlichkeit zugänglich sind. Besonders interessant ist dabei der Einfluß der indianischen Kultur, der ja in der Architektur zu einem eigenständigen Stil, dem „Mestizo", geführt hat.

Waren es in der Kolonialzeit fast ausschließlich religiöse Themen, die die Malerei bestimmten, so änderte sich das mit der Republik radikal: Die Heiligen wurden durch die Helden des Vaterlandes ersetzt. Vor allem Portraits bedeutender Männer überschwemmten das Land. In den 30er Jahren dieses Jahrhunderts erschienen erstmals indianische („indigenistische") Werke auf der Leinwand.

Die zeitgenössische bolivianische Malerei umfaßt inzwischen sämtliche Stilrichtungen. Vom Figürlichen bis zum Abstrakten, vom Naiven bis zum Engagierten, von indianischer Volkskunst bis zur exotischsten Moderne, vom angestaubtesten Traditionellen bis zum Happening. Nahezu jede Woche werden in La Paz mehrere Ausstellungen eröffnet.

Literatur

Die literarische Tradition Boliviens ist gering. Es gibt kaum Werke aus der Kolonialzeit, und in der Literaturgeschichte des 19. Jahrhunderts stehen ein paar romantische Sonette nebst einigen für Bolivien exotischen Romanen ziemlich verlassen herum. Die Literatur aus dieser Zeit beschreibt eine Welt, die nie existiert hat, eine Welt, in der die europäische

Realität und Literatur künstlich nach Bolivien umgepfropft wurde.

Zu Beginn dieses Jahrhunderts erwachte mit dem Erscheinen des Romans „raza de bronce“ (Bronzerasse) von Alcides Arguedas (auch einer der bekanntesten Historiker des Landes) ein literarisches Nationalbewußtsein. Zum ersten Mal wurde damit begonnen, bolivianische Schauplätze, Ereignisse, Sitten und Probleme der ganzen Gesellschaft literarisch zu bearbeiten: die Lage der Indios, die Leibeigenschaft, die Cholos, soziale Ressentiments. Auch wenn dies aus der Perspektive der Oberschicht mit all deren Vorurteilen geschah, so markiert es doch einen Wandel. Bolivianische Themen gerieten wenigstens ins Blickfeld.

Mit dem Chacokrieg, der eine gemeinsame Tragödie aller Schichten des Volkes war, beginnt eine neue Welle in der Literatur. Viele Teilnehmer des Krieges drängte es nach einer Verarbeitung ihrer Erfahrungen. Es entstand eine Antikriegsliteratur, aus der „sangre de mestizos“ (Mestizenblut) von Augusto Céspedes hervorragt.

Die „Generation des Chaco“ legte auch nach dem Krieg die Feder nicht aus der Hand. Es entstehen politische Romane und literarische Anklagen wie „el metal del diablo“ (auf deutsch unter dem Titel „Teufelsmetall“ erschienen), ebenfalls von Céspedes, eine Abrechnung mit dem Zinnbaron Patiño, und „socavones de angustia“ (Stollen der Angst) von Fernando Ramírez Velarde, eine Art bolivianischer Version von „Onkel Toms Hütte“, in der die Tragödie einer indianischen Familie, die vom Land in die Minen zieht, exakt und eindringlich geschildert wird. Die 50er und 60er Jahre sind literarisch wenig produktiv. Die Intellektuellen haben während der MNR-Zeit andere Interessen als das Schreiben. Erst Anfang der 70er Jahre erscheinen wieder mehr Romane, wobei die Guerilla zu einem der wichtigsten Themen wird. „Las fundadores de alba“, ein Epos über Ché Guevaras Kampf in Bolivien, erhielt sogar den in Kuba vergebenen Preis „Casa de las Americas“.

International ist die bolivianische Literatur wenig hervorgetreten. Nur sehr wenige Werke sind ins Deutsche übersetzt worden. Es gibt nicht viele Verlage in Bolivien. Dennoch ist gerade in den letzten Jahren eine respektable literarische Produktion zu verzeichnen. Der Verlag „amigos del libro", der größte des Landes, hat einen eigenen Literaturpreis ausgeschrieben: den „Erich-Guttentag-Preis", benannt nach dem Gründer des Verlages.

Bolivien ist ein Land, das ausgiebig studiert wurde. Nationale und ausländische Forschungsberichte und Analysen, wissenschaftliche Arbeiten und Spezialstudien, die von der Regierung oder internationalen Stiftungen finanziert wurden, füllen die Archive. Insbesondere in den USA hat die „Bolivianistik" schon seit Jahrzehnten einen beträchtlichen Ausstoß an Untersuchungen hervorgebracht. Es stimmt ein wenig traurig, wenn man feststellen muß, wie wenig dieses detaillierte Wissen bisher zu wirklich langfristigen Lösungen der bolivianischen Probleme geführt hat.

Presse

Für ein so bevölkerungsarmes Land wie Bolivien ist die Presselandschaft – zumindest in demokratischen Zeiten – erstaunlich breit gefächert und vielfältig. Die drei größten Städte La Paz, Santa Cruz und Cochabamba verfügen jeweils über mehrere Tageszeitungen, La Paz allein über vier (Presencia, Diario, Hoy und Ultima Hora und seit 1990 La Razón). Daneben gibt es eine Reihe von Wochen- und Monatsschriften. Überraschend ist, in welchem Maße internationale Ereignisse in der Presse abgehandelt werden. Wer in Bolivien Zeitung liest, erhält einen guten Überblick darüber, was in der Welt geschieht.

Doch wer liest in Bolivien Zeitung? Nicht nur wegen des Analphabetismus, sondern vor allem wegen der Kosten ist die Leserschaft beschränkt. Einen viertel bis zu einem halben Dollar pro Ausgabe können sich die wenigsten leisten. Manchmal hat man den Eindruck, daß es in Bolivien mehr Zeitungsverkäufer als -leser gibt. Selbst die Auflage der größten Tageszeitung ist nicht höher als 20000 Exemplare.

Wichtiger als die gedruckte Presse ist deshalb das Radio. Es gibt mehr als 40 Rundfunksender in Bolivien, fast alle sind privat. Transistorradios gibt es in fast jedem Dorf. Sie sind der ständige Begleiter der Bauern, die Programme werden in den einfachen Hütten am Stadtrand ebenso gehört wie in den meisten Überlandbussen, in den Minengebieten ebenso wie auf den Märkten. Während der Diktatur haben verschiedene Radiosender – vor allem in den Minenorten – eine unschätzbare Rolle gespielt. Sie haben als „Stimme des Volkes" (wie sich ein Sender nannte) den Widerstand geschürt, aufrechterhalten und organisiert. Sie mußten aus dem Untergrund senden, einige sind, als sie entdeckt wurden, verboten und zerstört worden.

Auch heute erfüllen die Sender eine wichtige soziale Aufgabe. Viele bringen Lehr- und Ausbildungsprogramme, ein beträchtlicher Teil sendet in Quetschua und Aymara und trägt damit (zumindest im gesprochenen Wort) zur Erhaltung und Pflege dieser alten Kultursprachen bei, die nur sehr wenig in Druckerzeugnissen auftauchen.

Fernsehen gibt es seit 1969. 15 Jahre lang war es ein Monopol des Staates. Daneben bestand nur noch ein Universitätskanal. Als dieses Monopol 1984 aufgehoben wurde, entstand eine ganze Reihe von Privatstationen, die sich aus Werbeeinnahmen finanzieren. La Paz verfügt heute über sieben Kanäle. Ihr Angebot ist in den meisten Fällen sowohl inhaltlich wie technisch recht bescheiden. Da es keine Gesetzgebung über Autoren- und Senderechte gibt, können diese Sender jedoch ausländische Produktionen, wie Filme und Serien (vorwiegend US-amerikanische Streifen und brasilianische „telenovelas"), zu äußerst niedrigen Preisen einkaufen und senden. Regelmäßig werden etwa Spiele der deutschen Bundesliga und Krimiserien wie „Tatort" gezeigt.

Der originellste Sender ist sicherlich Kanal 4 „Metropolitana", eine Art one-man-show von „el compadre" (Gevatter). Seine tägliche, sowohl über Radio wie über Fernsehen ausgestrahlte, mehrstündige „Tribüne des Volkes" ist eine der volkstümlichsten Sendungen des Landes. Jeder kann dabei im Gespräch mit dem „compadre“ seine Meinung ausdrücken, um Hilfe bitten, auf lokale Mißstände hinweisen, anklagen, Erklärungen abgeben und Durchsagen machen. In langer, nicht abreißender Reihe stehen Bauern und Marktfrauen, streikende Mineros und Studenten, Leute von der Straße und Sozialarbeiter, Jugendliche und verlassene Eheleute an, um dem „compadre“ und den Zuschauern ihr Leid zu klagen. Schon manche Solidaritätsaktion – gerade auch unter den Armen – ist auf diese Weise zustande gekommen. Wer ein ungeschminktes Bild vom Leben und den Sorgen der einfachen Leute Boliviens bekommen möchte, kann dies jeden Tag auf Kanal 4, La Paz haben.

In den letzten Jahren ist der „compadre“ Carlos Palenque auch zu einer wichtigen politischen Figur des Landes geworden. Die Sendung wurde mehr und mehr zur Tribüne von Palenques populistischer Partei CONDEPA, die inzwischen sowohl in La Paz wie in El Alto den Bürgermeister stellt. Palenque selbst wird bei den nächsten Präsidentschaftswahlen wiederum kandidieren.

XIII. Die Deutschen in Bolivien

Bolivien war nie ein bedeutsames Einwandererland, auch wenn es immer wieder Versuche verschiedener Regierungen gegeben hat, ausländische Siedler in das Land zu holen. Erst in jüngster Zeit hat Präsident Paz Estenssoro einen Plan vorgestellt, rund 30000 Familien aus Hongkong und Taiwan im Lande anzusiedeln. Eine „Garantiesumme" von 100000 US-Dollar pro Familie sollten sie allerdings schon mitbringen. Trotz des erhofften Dollarsegens ist der Plan auf sehr viel Widerstand im Land gestoßen.

Was die deutsche Einwanderung angeht, die eine gewisse Tradition in Bolivien hat, so ist es weniger die Zahl – es handelt sich um einige Tausend, verstreut über Jahrzehnte – als der Einfluß in Wirtschaft und Politik, der die Deutschen zur bedeutsamsten ausländischen Kolonie gemacht hat. Daß diese Einwanderer zu verschiedenen Zeiten höchst unterschiedlicher Provenienz waren, ergibt sich aus der deutschen Emigrationsgeschichte.

Nachdem Alexander von Humboldt zu Anfang des 19. Jahrhunderts Südamerika jahrelang bereist, erforscht und später ausführlich beschrieben hatte (und damit den Ruf „deutscher Wissenschaft und Gründlichkeit" in der Neuen Welt begründete), waren es nach ihm vor allem deutsche Militärs, Techniker und Geschäftsleute, die ihren Weg in die Anden fanden. Marschall Otto Philip Braun aus Kassel, ein Mitstreiter Bolívars und Sucres, schrieb sich in die Annalen der Frühzeit der bolivianischen Republik ein und machte später noch als Minenbesitzer von sich reden. Gegen Ende des Jahrhunderts hatte sich bereits eine ganze Reihe deutscher Kaufleute und Industrieller auf den Altiplano, aber auch ins Tiefland und sogar in den Dschungel gewagt. Kautschuk, Chinarinde, Textil- und Holzindustrie, Bergbau und – natürlich –

Brauereien boten deutschem Kapital und „deutschem Fleiße" eine Reihe von Investitionsmöglichkeiten. Seit jener Zeit sind einige der bedeutendsten Handelsfirmen Boliviens in deutschen Händen.

Bereits 1881 wurde in La Paz ein Deutscher Club gegründet, und auch Gesangs- und Kegelvereine blieben nicht aus. 1923 entstanden in La Paz, Oruro und Cochabamba deutsche Schulen. Die deutsche Schule „Mariscal Braun" in La Paz gilt heute als eine der besten des Landes und verfügt seit dem Umzug in einen Neubau über einen der prachtvollsten Gebäudekomplexe Boliviens. Seit 1911 bestand eine deutsche Militärmission in La Paz. Eine Reihe von Offizieren aus dem Ersten Weltkrieg half während der 20er und 30er Jahre beim Aufbau und der Reorganisation der bolivianischen Armee und versorgte die deutsche Rüstungsindustrie mit Aufträgen aus Bolivien. Daß sich unter diesen Beratern eine beträchtliche Anzahl später bekanntgewordener Nationalsozialisten befand (etwa der Leiter der Mission, General Kundt, oder der spätere SA-Chef Ernst Röhm), bestimmte die Beziehungen Boliviens zu Hitler-Deutschland in den 30er Jahren entscheidend mit.

Ein Teil der deutschen Kolonie schwenkte 1933 sehr schnell auf die Nazi-Linie ein. Bereits 1934 feierte man an der Deutschen Schule Führers Geburtstag, bildeten sich Ortsgruppen der NSDAP im ganzen Land. Der Einfluß der faschistischen Ideologie im politischen Leben Boliviens in dieser Zeit hing ohne Frage auch mit der Rührigkeit dieser Gruppen zusammen.

Auf Drängen der USA brach die bolivianische Regierung 1941 die militärischen, wirtschaftlichen und politischen Beziehungen zu Nazi-Deutschland ab. Der gerade entstandenen MNR wurde vorgeworfen, einen faschistischen Aufstand geplant zu haben. In der Tat hatte das Deutsche Reich die MNR-Zeitung „La Calle" eine Weile mitfinanziert. Nachdem die USA den Achsenmächten den Krieg erklärt hatten, trat Bolivien im Januar 1942 ins Lager der Alliierten ein. Die MNR löste sich in den folgenden Jahren von ihren faschistischen Gefolgsleuten.

Noch während des Zweiten Weltkriegs siedelten sich einige aus politischen oder rassischen Gründen Verfolgte des Nationalsozialismus in Bolivien an. Von den rund 5000 dieser Gruppe blieb aber nur ein Teil für immer im Lande. Auf diese Flüchtlinge folgte nach dem Krieg eine ganz andere Gruppe von Deutschen, die es – nicht zuletzt wegen der alten Verbindungen aus der Vorkriegszeit – nicht selten zu einflußreichen Stellungen brachten. Der ehemalige SS-Sturmführer und Chef der Gestapo von Lyon zwischen 1942 und 1944, Klaus Barbie, ist sicherlich der bekannteste, wenn auch keineswegs der einzige dieser Gruppe.

Jahrzehntelang lebte Barbie, der 1951 mit Unterstützung des amerikanischen Geheimdienstes CIC nach Bolivien gekommen war, unter dem Namen Altmann als wohlgelittenes Mitglied der deutschen Community in La Paz, die zum Teil einfach nicht wußte, wer er war, zum Teil dies sehr genau wußte und ihn als alten „Kameraden" deckte. Obwohl er bereits 1972 enttarnt wurde und ein Auslieferungsgesuch der französischen Regierung gegen ihn vorlag, dauerte es bis 1983, bis er schließlich unter Siles Zuazo (der ihn 1957 als „Klaus Altmann" eingebürgert hatte) abgeschoben wurde. Im Sommer 1987 wurde Barbie in Lyon zu lebenslänglichem Zuchthaus verurteilt und starb 1991.

Wiewohl es sicherlich das Netz jener „alten Kameraden" in Bolivien gab und gibt, wäre es doch falsch und ungerecht, die gesamte deutsche Kolonie als einen Haufen alter Nazis zu denunzieren. Was fast alle Deutschen und Deutschstämmigen im Lande gemeinsam haben, das ist ein fester Platz in der bolivianischen Oberschicht, mit der sie sich mehr als die meisten anderen Mitglieder der ausländischen Kolonie vermischt haben.

In den letzten vierzig Jahren waren die Beziehungen zwischen der Bundesrepublik und Bolivien freundschaftlich. Der Gesamtumfang der öffentlichen Entwicklungshilfe der BRD für Bolivien zwischen 1950 und 1989 betrug rund 750 Mio DM. Die Hilfe ist breitgefächert und reicht von der Sanierung der Minen über Wiederaufforstungsprogramme und ländliche

Entwicklungsprojekte bis zur Errichtung eines ökologischen Instituts in La Paz.

Es gibt ein Goethe-Institut in La Paz, eine lutheranische Kirche und eine deutsch-bolivianische Handelskammer. Die ursprünglich deutsche Bierbrauerei ist inzwischen – ohne Schaden für das Bier – in bolivianische Hände übergegangen.

Etwa 20% der ausländischen Touristen, die nach Bolivien kommen, (von insgesamt nicht mehr als 150000 pro Jahr) sind aus dem deutschsprachigen Raum. Leider „machen" sie Bolivien in den meisten Fällen in nur zwei bis drei Tagen. Die Gefahr eines zerstörerischen Massentourismus existiert in Bolivien nicht. Es gibt weder Strände noch große Einkaufsmöglichkeiten noch Angebote für Sex-Tourismus. Mit seinen vielfältigen Landschaften und seinen vielen verschiedenen Kulturen und Bevölkerungsgruppen bietet Bolivien dem wirklich interessierten Reisenden jedoch ein Prisma Lateinamerikas – mit all seinen Schönheiten, aber auch mit all seinen Problemen.

XIV. Bolivien im Überblick

Wir haben im Kapitel über die Wirtschaft auf die Unsicherheit statistischer Daten im Falle Boliviens hingewiesen. Die Datenerhebung ist sehr unvollständig – beträchtliche Teile der Bevölkerung leben abseits des offiziell Erfaßbaren. Durchschnittszahlen und „Pro-Kopf"-Berechnungen haben den grundsätzlichen Nachteil, daß sie die ungleiche Verteilung, die gerade ein Hauptproblem der armen Länder ist, nicht berücksichtigen. Die folgenden Daten können nur ganz grobe Richtwerte angeben und sollten mit aller gebotenen Vorsicht gelesen werden.

Staat und Regierung

Staatsname
Vollform: Republik Bolivien
Kurzform: Bolivien
Flagge: Rot-Gelb-Grün, horizontal gestreift

Staatsgründung/Unabhängigkeit
Unabhängigkeit seit August 1825

Verfassung: von 1826 (mit verschiedenen Änderungen)

Staats- und Regierungsform
Präsidiale Republik seit 1825

Staatsoberhaupt und Regierungschef:
Staatspräsident Jaime Paz Zamora (seit August 1989; Amtszeit 4 Jahre)

Volksvertretung/Legislative
Nationalkongreß bestehend aus dem Abgeordnetenhaus mit 130 Abgeordneten und dem Senat mit 27 Mitgliedern. Die Amtszeit beträgt jeweils 4 Jahre.

Parteien/Wahlen
Sitzverteilung nach den letzten Parlamentswahlen vom Mai 1989 im Abgeordnetenhaus (Cámara de Diputados): Movimiento Nacionalista Revolucionario/MNR 40, Acción Democrática Nacionalista/ADN 38, Movimiento de la Izquierda Revolucionaria/MIR 33, Conciencia de Patria/CONDEPA 9, Izquierda Unida/IU 10 Sitze. Im Senat (Senado) entfallen auf MNR 9, ADN 8, MIR 8, CONDEPA 9 Sitze. Die IU hat keinen Sitz.

Verwaltungsgliederung
9 Departamentos, 98 Provinzen, 1272 Kantone (cantones)

Internationale Mitgliedschaften

Vereinte Nationen und UN-Sonderorganisation (außer IMO); Organisation der Amerikanischen Staaten/OAS; Lateinamerikanische Integrationsvereinigung/ALADI; Anden-Gruppe; Lateinamerikanisches Wirtschaftssystem/SELA; Amazonas-Pakt-Staaten.

Grunddaten

Gebiet				
Gesamtfläche (km^2)	1990:	1 098 581		
Ackerland und Dauerkulturen (km^2)	1987:	33 990		
Bevölkerung				
Gesamtbevölkerung (Volkszählungsergebnisse, Jahresmitte, 1000)	1976:	4 613		
	1990:	7 314		
Bevölkerungswachstum (%)	1985–90:	14,8		
Bevölkerungsdichte (Einw. je km^2)	1990:	6,7		
Geborene (je 1000 Einw.)	1985/90: (Durchschnitt)	42,8		
Gestorbene (je 1000 Einw.)		14,1		
Gestorbene im 1. Lebensjahr (je 1000 Lebendgeborene)		110		
Lebenserwartung bei Geburt (Jahre)	1987:	Männer 51		
		Frauen 54		
Gesundheitswesen				
Betten in öffentlichen Krankenhäuser u. -stationen	1976:	9 066	1984:	13 247
Einwohner je Bett		561	1985:	470
Ärzte (nur öffentliches Gesundheitswesen)	1972:	2 143	1985:	4 032
Einwohner je Arzt		2 146		1 605

Trinkwasserversorgung (1986)						
Stadtbevölkerung	48%					
Landbevölkerung	3%					
Kanalisationsanschluß						
Stadtbevölkerung	24%					
Landbevölkerung	9%					

Bildungswesen

Analphabeten (15 Jahre und mehr, in %)	1981:	32,3	1985:	25,8	1991:	22
Grundschüler (1000)	1970:	679,1	1980:	978,3	1987:	1299,7
Schülerinnen		276,6		456,4		606,4
Sekundarschüler (einschließlich) Berufsschüler, 1000)	1970:	89,6	1980:	170,7	1987:	218,3
Schülerinnen				74,0		101,3
Universitätsstudenten (1000)	1970:	28,7	1980:	60,9	1987:	97,0

Erwerbstätige nach Wirtschaftsbereichen

Einheit 1000

Wirtschaftsbereich	1980*)	1985	1988
Insgesamt	1720	1686	1769
Land- und Forstwirtschaft, Fischerei	800	800	838
Produzierendes Gewerbe	355	270	288
Energie- und Wasserwirtschaft	7	8	9
Bergbau, Gewinnung von Steinen und Erzen	76	69	46
Verarbeitendes Gewerbe	177	147	125
Baugewerbe	95	46	48
Handel und Gastgewerbe	127	128	144
Banken, Versicherungen, Immobilien	14	15	15
Verkehr und Nachrichtenwesen	93	97	130
Kommunale und soziale Dienstleistungen	332	377	415

*) Stand: 1. Juli

Die Zahl der Arbeitslosen lag 1989 mit 7,1% deutlich unter der der Vorjahre (1985: 15,4%; 1986: 20,0%; 1987: 20,5%; 1988: 18,0% = 388 000). Die Unterbeschäftigtenrate beträgt schätzungsweise 40%.
Quelle: Statistisches Bundesamt. Länderbericht Bolivien 1991, modifiziert.

Ausgewählte Literatur

Allgemein

Galeano, Eduardo: Die offenen Adern Lateinamerikas. Die Geschichte eines Kontinents von der Entdeckung bis zur Gegenwart. Hammer-Verlag, Wuppertal 1973

Konetzke, Richard (Hrsg.): Süd- und Mittelamerika I. Die Indianerkulturen Altamerikas und die spanisch-portugiesische Kolonialherrschaft. Fischer Weltgeschichte Bd. 22, Frankfurt 1965

Informationszentrum Dritte Welt (Hrsg.): Entwicklungspolitik – Hilfe oder Ausbeutung? Freiburg 1980

Dennhardt, J./Pater, S. (Hrsg.): Entwicklung muß von unten kommen. Reinbek 1981

Berliner Institut für Vergleichende Sozialforschung (Hrsg.): Das Elend der Modernisierung – die Modernisierung des Elends. Berlin 1982

Zu Bolivien

Bower, Tom: Klaus Barbie. Lyon, Augsburg, La Paz. Karriere eines Gestapo-Chefs. Rotbuch 295. Berlin 1985

Céspedes, Augusto: Teufelsmetall. Lamuv-Verlag, Bornheim 1982

Dietz, Eva: Der Funktionswandel der Koka in Bolivien. Saarbrücken 1990

Kohler, Liu: Unterdrückt, aber nicht besiegt. Die bolivianische Bauernbewegung von den Anfängen bis 1982. Informationsstelle Lateinamerika (ila), Bonn 1981

Krauthausen, Ciro: Koka – Kokain. Reportagen, Analysen und Dokumente aus den Andenländern. Raben Verlag, München 1991

Krempin, Michael: Keine Zukunft für Bolivien? Saarbrücken 1989

Krempin, Michael: Krise als Chance? Neoliberale Wirtschaftspolitik und Gewerkschaftsbewegung in Bolivien. Hamburg 1990

Lieser, Jürgen: Unser Reichtum hat immer unsere Armut hervorgebracht. Informationsstelle Lateinamerika und Bolivienhilfe Trier, Bonn/Trier 1980

Forschungs- und Dokumentationszentrum Lateinamerika (FDCL): Bolivien – Ein Volk im Widerstand. Sondernummer der Lateinamerika-Nachrichten, Berlin 1981

Mansilla, H.C.F.: Nationale Identität, gesellschaftliche Wahrnehmung natürlicher Ressourcen und ökologische Probleme in Bolivien. Finke-Verlag, München 1984

Rösing, Ina: Die Verbannung der Trauer (Mundo Ankari I). Nächtliche Heilungsrituale in den Hochanden Boliviens. Nördlingen 1987

Schlumberger, Hella: Bolivien – schwankende Wiege der Freiheit. Bund-Verlag, Köln 1985

Viezzer, Moema: Wenn man mir erlaubt zu sprechen ... Das Zeugnis der Domitila, einer Frau aus den Minen Boliviens. Lamuv-Verlag, Bornheim 1978

Englischsprachige Literatur

Alexander, Robert J.: Bolivia. Past, Present and the Future of its Politics. New York 1982

Dunkerley, James: Rebellion in the Veins. Political Struggle in Bolivia 1952–82. Verso London 1984

Klein, Herbert S.: Bolivia. The Evolution of a Multi-Ethnic Society. Oxford University Press 1982
(Dieses Buch enthält eine ausführlich kommentierte Bibliographie zu Bolivien.)

Ladman, Jerry R. (Hrsg.): Modern Day Bolivia. Arizona 1982

Lora, Guillermo: A History of the Bolivian Labour Movement. Cambridge 1977

Malloy, James F.: Bolivia: The Uncompleted Revolution. University of Pittsburgh Press 1970

Regelmäßige Publikationen und Zeitschriften

Blätter des iz3w, Hrsg.: Informationszentrum Dritte Welt. Postfach, 5328 Freiburg

Bolivia (Sago Informationsblatt), Hrsg.: Informationszentrum Bolivien, Wittenbergplatz 3a, 1000 Berlin 30

Lateinamerika-Nachrichten, c/o FDCL, Gneisenaustr. 2, 1000 Berlin 61

Lateinamerika – Analysen und Berichte (Jahrbuch). Hamburg

Verzeichnis der wichtigsten Abkürzungen

ADN	Acción Democrática Nacionalista (Partei des Ex-Diktators Banzer)
CIC	Counter Intelligence Corps (US-Geheimdienst)
COB	Central Obrera Boliviana (Gewerkschaftsdachverband)
Comibol	Corporación Minera de Bolivia (Staatliche Minengesellschaft)
CONDEPA	Conciencia de Patria (Gewissen des Vaterlandes; 1989 von Carlos Palenque gegründete Partei)
CSUTCB	Confederación Sindical Única de Trabajadores Campesinos de Bolivia (Einziger Gewerkschaftsdachverband der Kleinbauern Boliviens)
DOP	Departamento de Orden Político (Politische Polizei während der Banzerzeit)
FPN	Frente Popular Nacionalista (Allianz von MNR und Falange Anfang der 70er Jahre)
FSB	Falange Socialista Boliviana (Rechtspartei nach dem Vorbild der spanischen Falange)
FSTMB	Federación Sindical de Trabajadores Mineros de Bolivia (Gewerkschaft der Bergarbeiter)
IU	Izquierda Unida (1988 gegründetes linkes Wahlbündnis)
MIR	Movimiento de la Izquierda Revolucionaria (Bewegung der revolutionären Linken)
MNR	Movimiento Nacionalista Revolucionario (Nationalrevolutionäre Bewegung)
MRTKL	Movimiento Revolucionario Túpac Katari de Liberación (Revolutionäre Befreiungsbewegung Túpac Katari)
PIR	Partido de la Izquierda Revolucionaria (Prosowjetische Partei in den 40er Jahren)
POR	Partido Obrero Revolucionario (Trotzkistische Partei)
PRA	Partido Revolucionario Auténtico (Abspaltung von der MNR 1960 unter Walter Guevara Arce)
PRIN	Partido Revolucionario de Izquierda Nacional (Abspaltung von der MNR 1964 unter Juan Lechín)
UCS	Unión Cívica Solidaridad (Bürgerunion Solidarität)
UDP	Unidad Democrática y Popular (Bündnis linker und gemäßigter Parteien unter Siles Zuazo und Paz Zamora)
YPFB	Yacimientos Petrolíferos Fiscales Bolivianos (Staatliche Erdöl- und Erdgasgesellschaft)

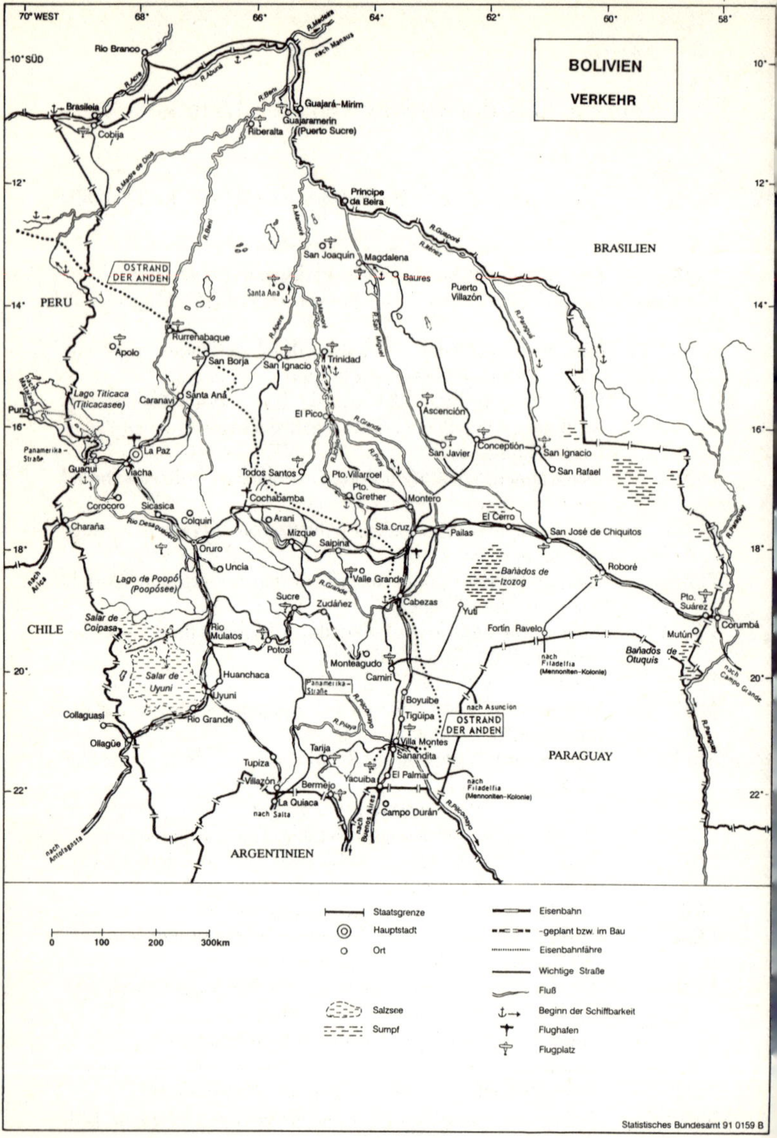

Statistisches Bundesamt
Länderbericht Bolivien 1991

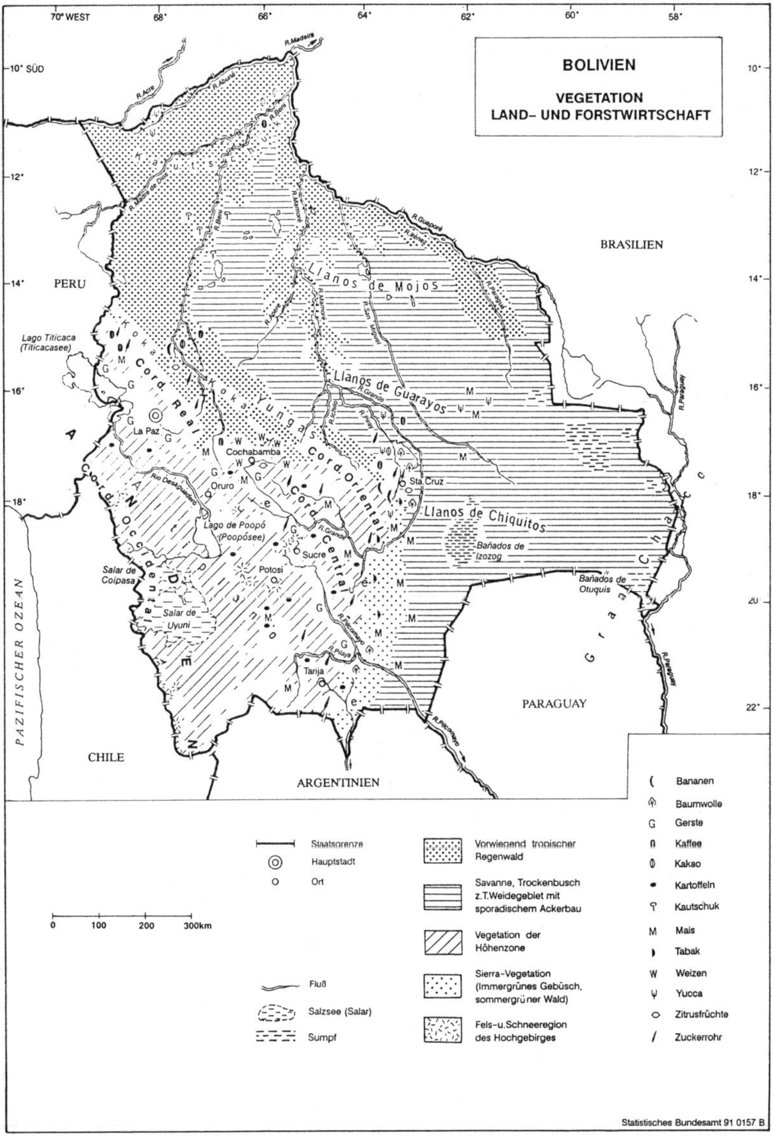

Statistisches Bundesamt
Länderbericht Bolivien 1991

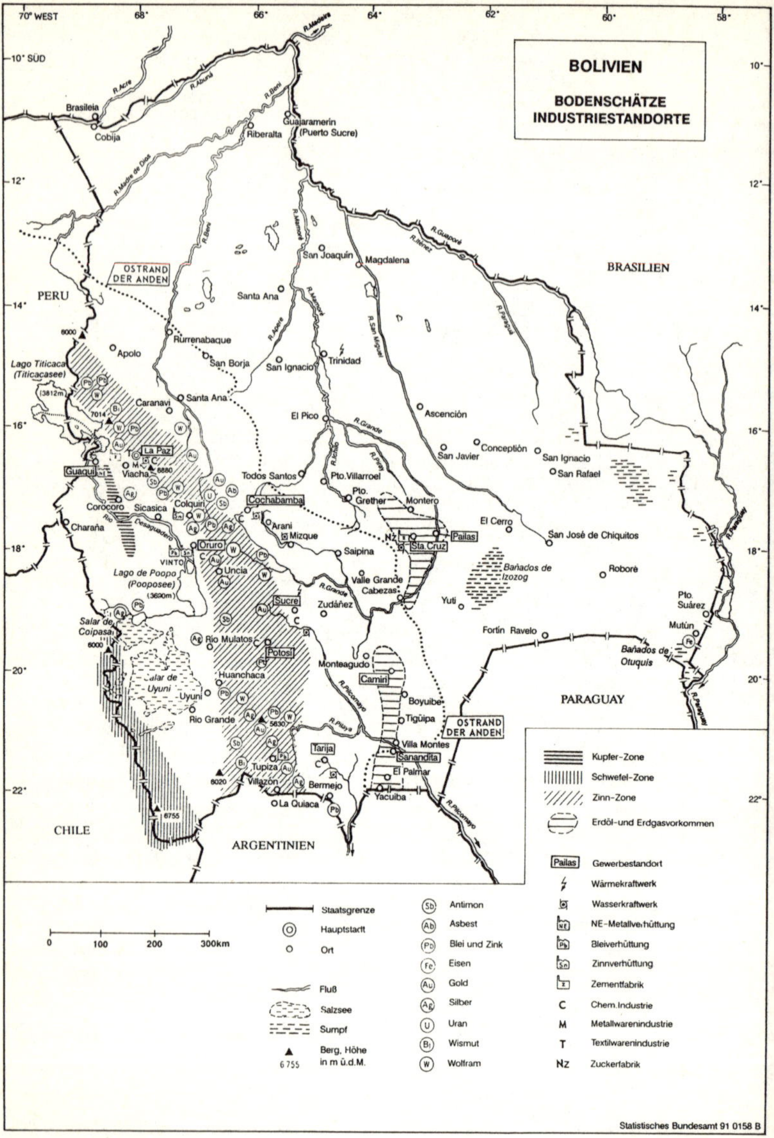

Statistisches Bundesamt
Länderbericht Bolivien 1991

Register

Länder und Städte in der Beck'schen Reihe

Politisches Lexikon Afrika, hrsg. von R. Hofmeier/M. Schönborn (BsR 810)
Ägypten, von F. Büttner/I. Klostermeier (BsR 842)
Äthiopien, Eritrea, Somalia, Djibouti. Das Horn von Afrika, von V. Matthies (BsR 846)
Algerien s. Maghreb
Politisches Lexikon Asien, Australien, Pazifik, hrsg. von W. Draguhn/R. Hofmeier/M. Schönborn (BsR 827)
Baltikum: Estland, Lettland, Litauen, von K. Ludwig (BsR 841)
Belgien, von J. Schilling/R. Täubrich (BsR 829)
Berlin, von E. S. Freyermuth/G. S. Freyermuth (BsR 490)
Bhutan, von H. Wilhelmy (BsR 830)
Bolivien, von T. Pampuch/A. Echalar A. (BsR 813)
Brasilien, von M. Wöhlcke (BsR 804)
Brüssel, von M. Döpfner (BsR 1007)
China, von O. Weggel (BsR 807)
Cypern, von K. Hillenbrand (BsR 837)
Djibouti s. Äthiopien
Kleines England-Lexikon, von P. Fischer/G. P. Burwell (BsR 814)
Eritrea s. Äthiopien
Estland s. Baltikum
Fiji, Samoa, Tonga, von S. Bruno/A. Schade (BsR 854)
Finnland, von W. Albrecht/M. Kantola (BsR 847)
Frankreich, hrsg. von G. Haensch/H. J. Tümmers (BsR 831)
Kleines Frankreich-Lexikon, von G. Haensch/P. Fischer (BsR 802)
Großbritannien, von H. Händel/I. Friebel (BsR 835)
Politisches Lexikon GUS, von R. Götz/U. Halbach (BsR 852)
Hongkong s. Taiwan
Horn von Afrika s. Äthiopien
Indien, von K. Gräfin v. Schwerin (BsR 820)
Indochina, von O. Weggel (BsR 809)
Irland, von M. P. Tieger (BsR 801)
Italien, von C. Chiellino/F. Marchio/G. Rongoni (BsR 821)
Kleines Italien-Lexikon, von C. Chiellino (BsR 819)
Japan, von M. Pohl (BsR 836)
Jugoslawien, von C. v. Kohl (BsR 832)
Kenia, von H. Hecklau (BsR 853)
Korea, von H. W. Maull/I. M. Maull (BsR 812)
Politisches Lexikon Lateinamerika, hrsg. von P. Waldmann/H.-W. Krumwiede (BsR 845)
Lettland s. Baltikum
Litauen s. Baltikum

Madrid, von J. Oehrlein (BsR 1008)
Maghreb: Marokko, Algerien, Tunesien, von W. Herzog (BsR 834)
Marokko s. Maghreb
Politisches Lexikon Nahost/Nordafrika, hrsg. von U. Steinbach/ R. Hofmeier/M. Schönborn (BsR 850)
Nepal, von W. Donner (BsR 833)
Neuseeland, von A. Hüttermann (BsR 844)
New York, von G. M. Freisinger (BsR 422)
Niederlande, von J. Schilling/R. Täubrich (BsR 817)
Nigeria, von H. Bergstresser/S. Pohly-Bergstresser (BsR 839)
Nordafrika s. Nahost
Norwegen, von G. Austrup/U. Quack (BsR 828)
Kleines Österreich-Lexikon, von S. Gassner/W. Simonitsch (BsR 815)
Peru, von E. v. Oertzen (BsR 822)
Philippinen, von R. Hanisch (BsR 816)
Portugal, von G. und A. Decker (BsR 806)
Schweden, von G. Austrup (BsR 818)
Schweiz, von M. Schwander (BsR 840)
Samoa s. Fiji
Somalia s. Äthiopien
Sowjetunion 1 und 2, von W. Feichtner/B. Seyr (BsR 245/246)
Spanien, von W. Herzog (BsR 811)
Kleines Spanien-Lexikon, von G. Haensch/G. Haberkamp de Antón (BsR 825)
Taiwan/Hongkong, von O. Weggel (BsR 849)
Tibet, von K. Ludwig (BsR 824)
Tonga s. Fiji
Tunesien s. Maghreb
Türkei, von F. Şen (BsR 803)
Kleines Türkei-Lexikon, von K. Kreiser (BsR 838)
USA, von R. Rode (BsR 813)
Kleines USA-Lexikon, von J. Redling (BsR 826)

Probleme der Dritten Welt in der Beck'schen Reihe

Peter J. Opitz (Hrsg.)
Grundprobleme der Entwicklungsländer
1991. 336 Seiten, zahlreiche Abbildungen und Tabellen. Paperback
Beck'sche Reihe Band 451

Judith Ennew/Brian Milne
Kinder, die nicht Kind sein dürfen
Leben und Überleben in der Dritten Welt
Mit der UNO-Rede Richard von Weizsäckers
1991. 174 Seiten. Paperback
Beck'sche Reihe Band 443

Manfred Wöhlcke
Der Fall Lateinamerika
Die Kosten des Fortschritts
1989. 152 Seiten. Paperback
Beck'sche Reihe Band 394

Josef Herkendell/Eckehard Koch
Bodenzerstörung in den Tropen
1991. 184 Seiten mit 19 Abbildungen und 15 Tabellen. Paperback
Beck'sche Reihe Band 436

Manfred Wöhlcke
Umweltzerstörung in der Dritten Welt
1987. 123 Seiten. Paperback
Beck'sche Reihe Band 331

Verlag C. H. Beck München